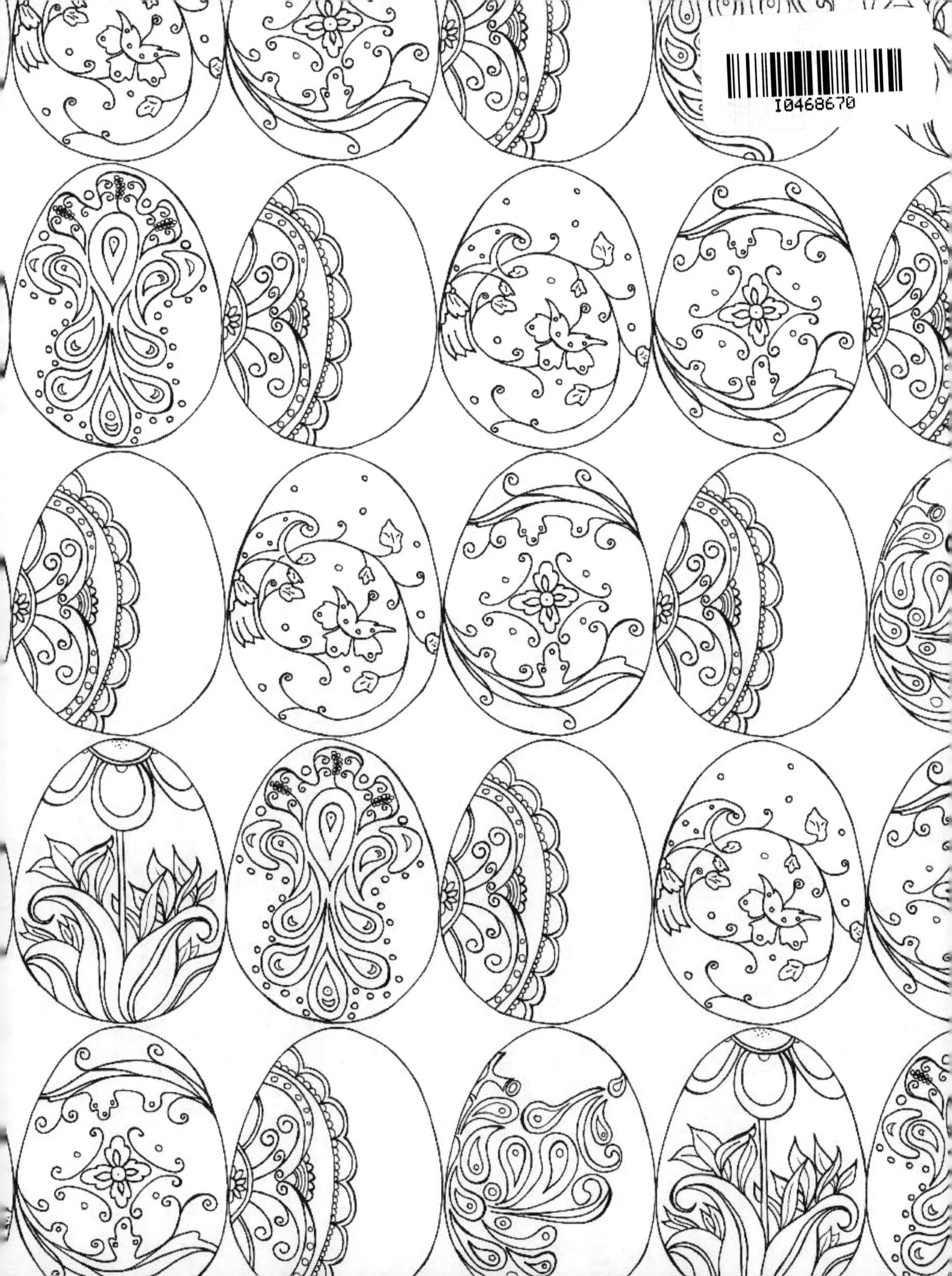

I0468670

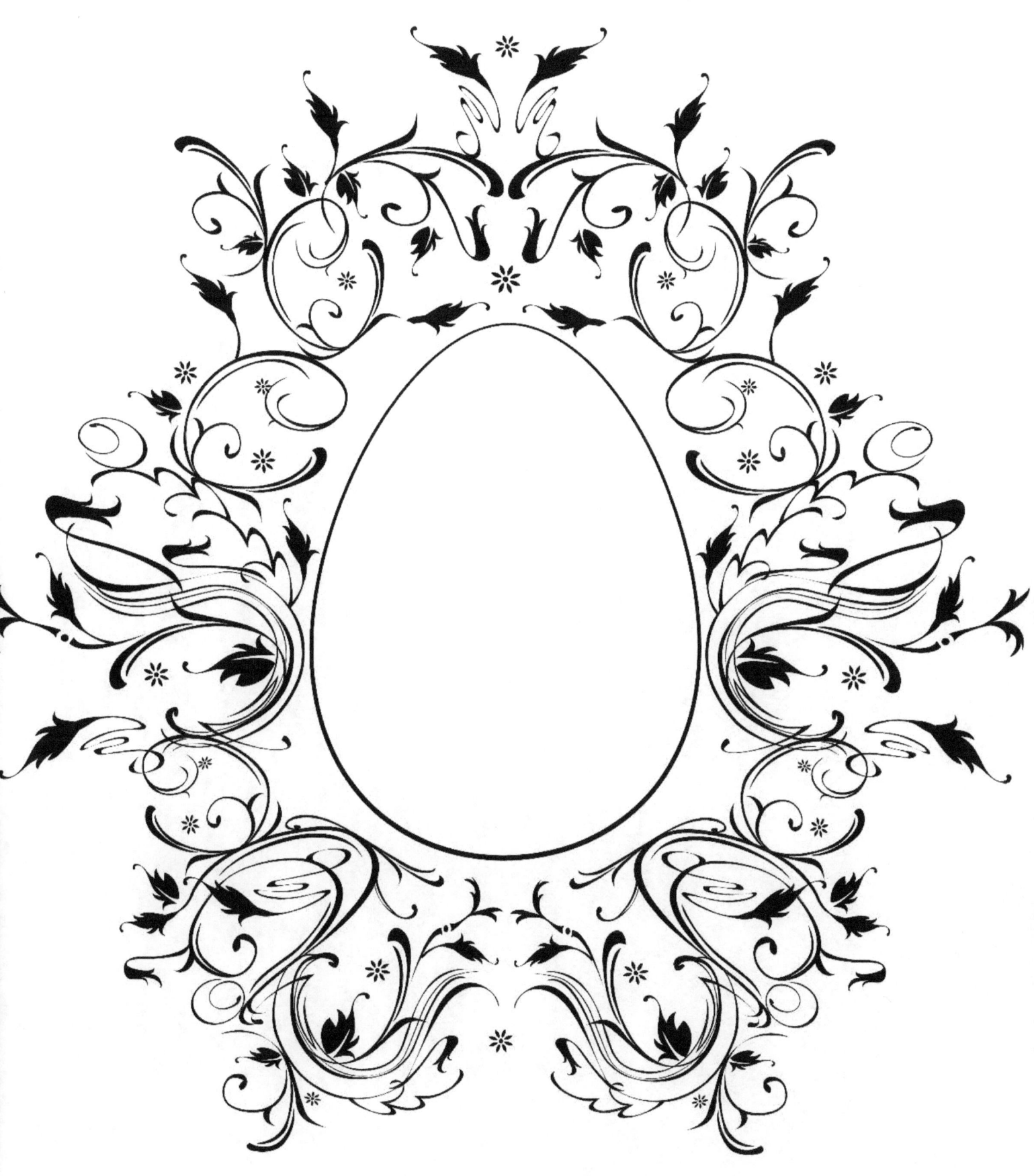

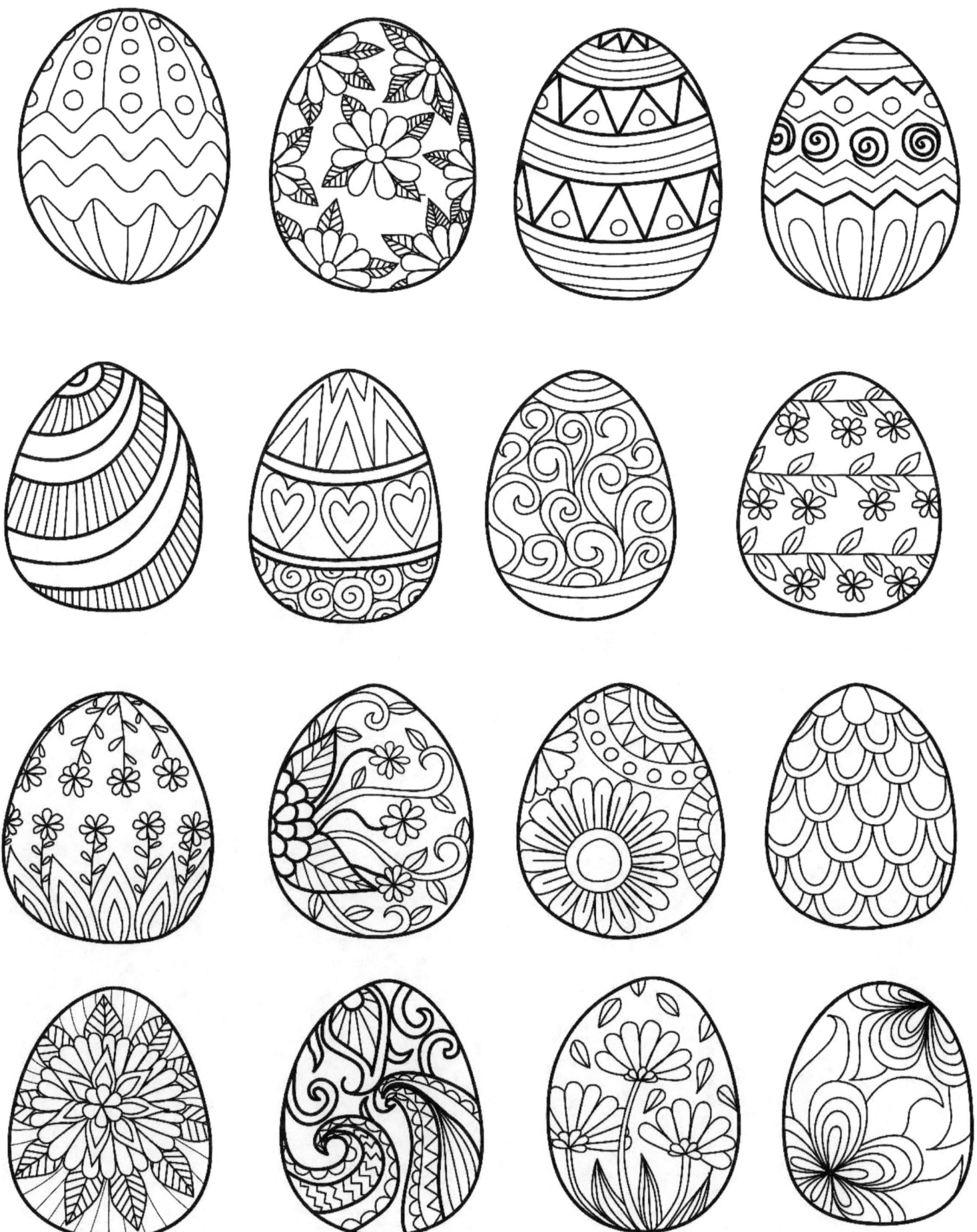

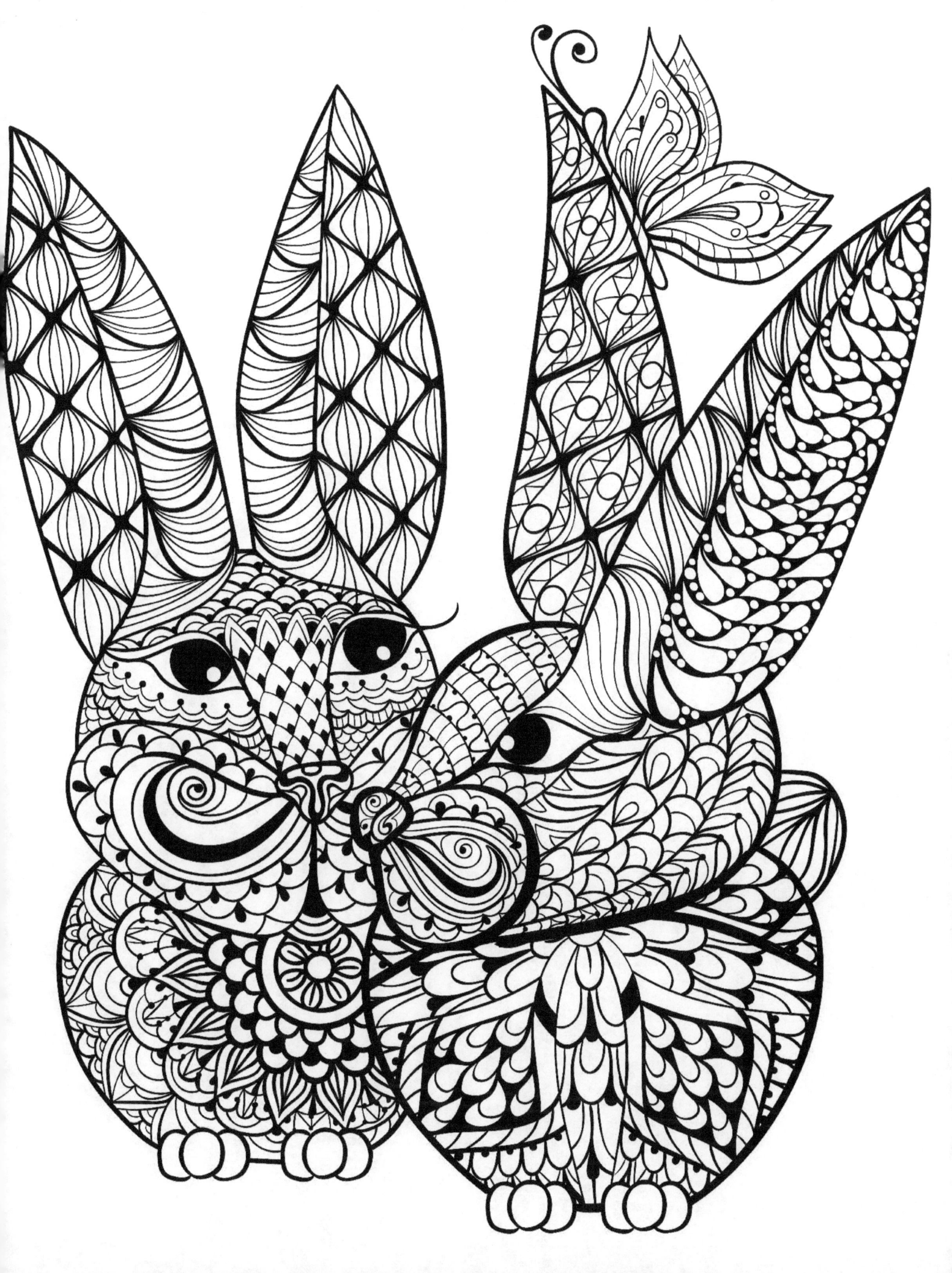

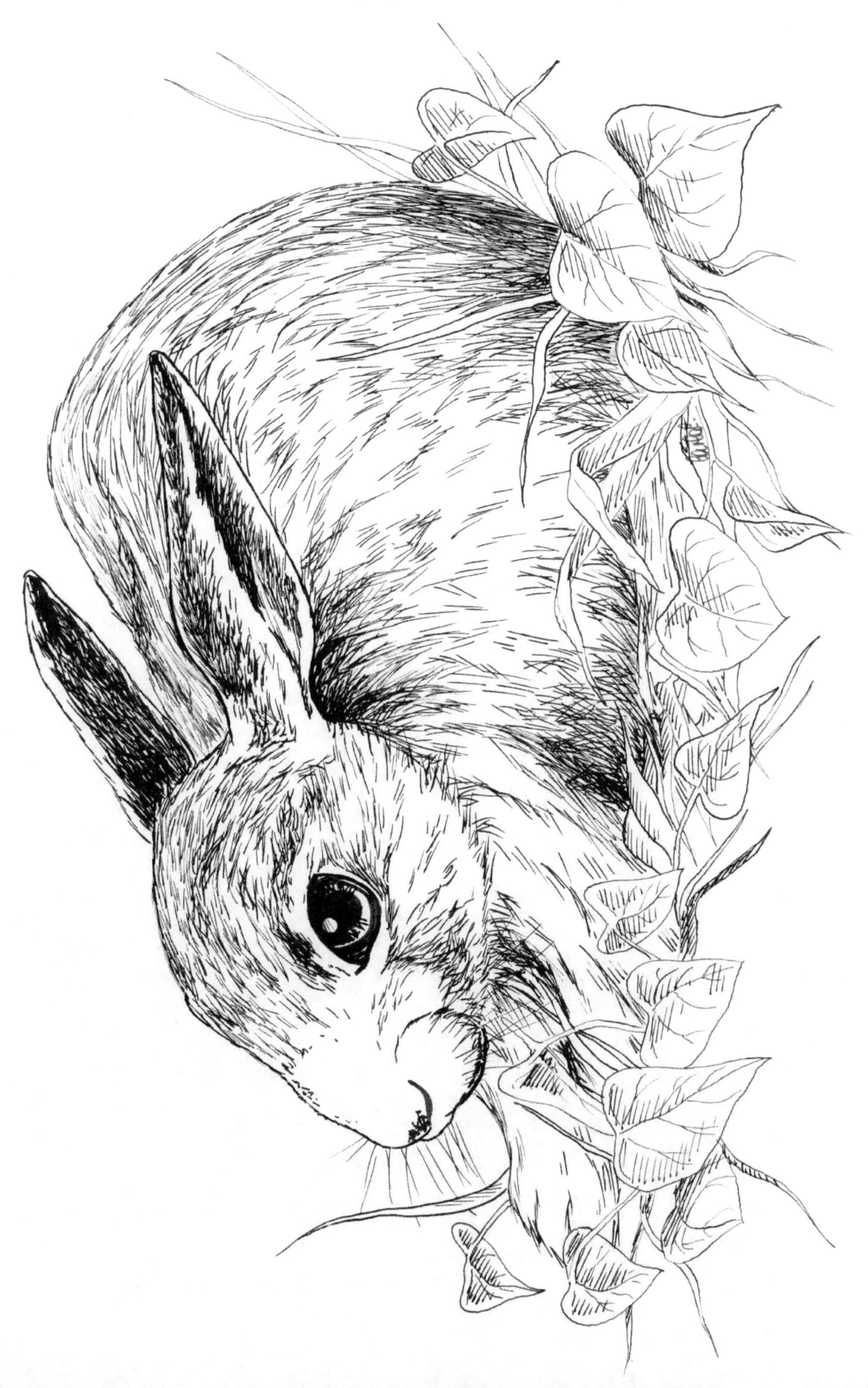

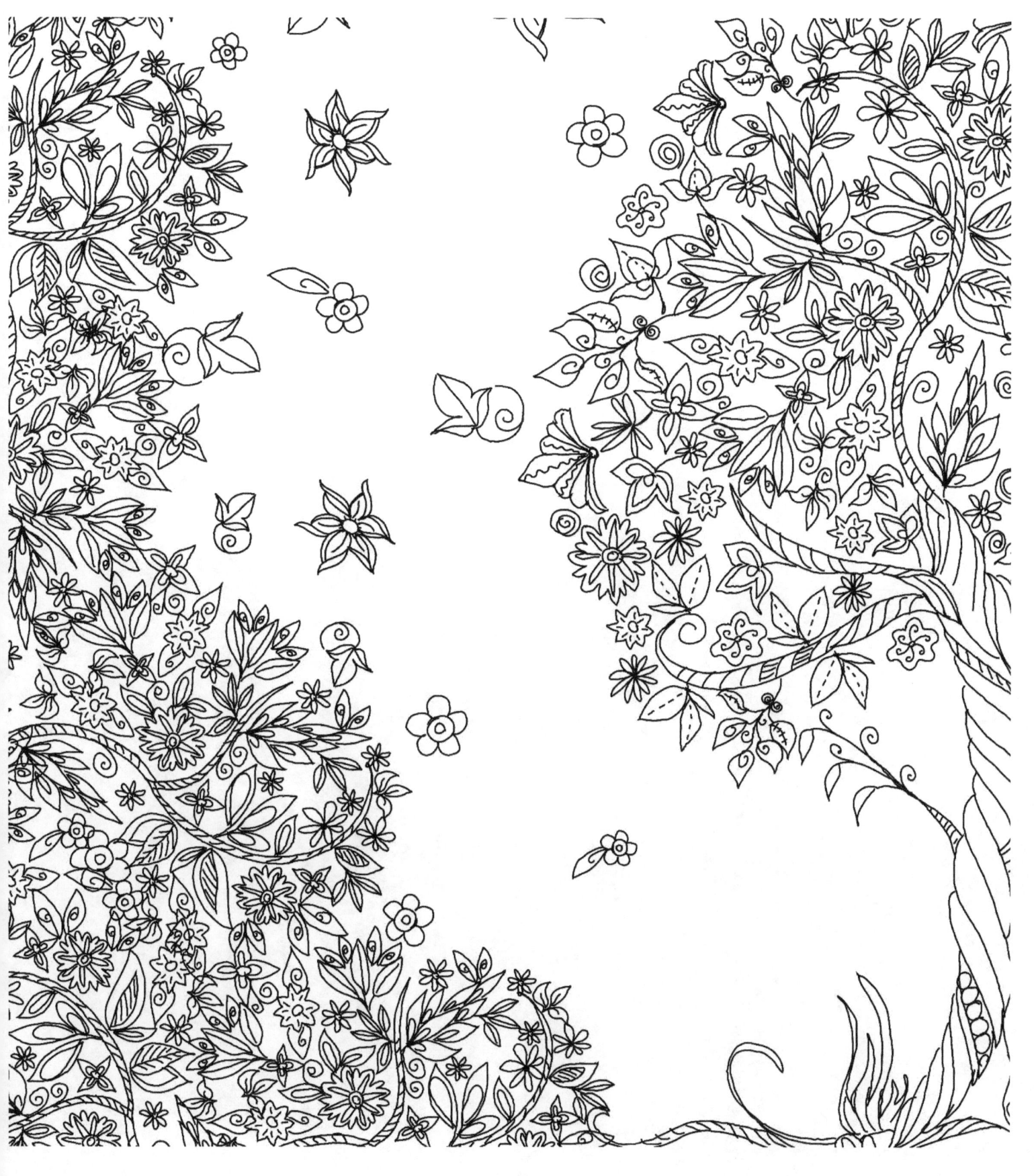

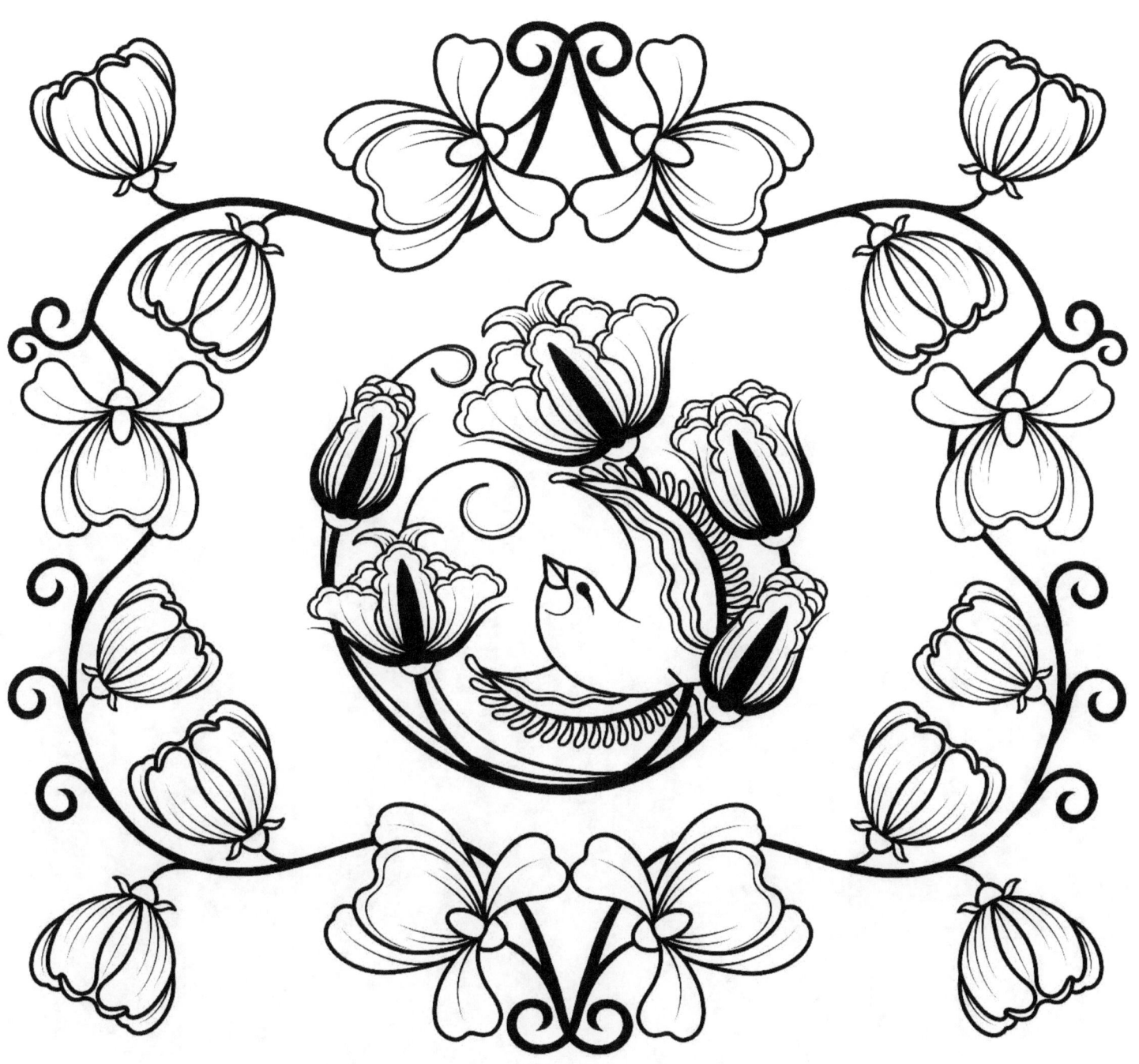

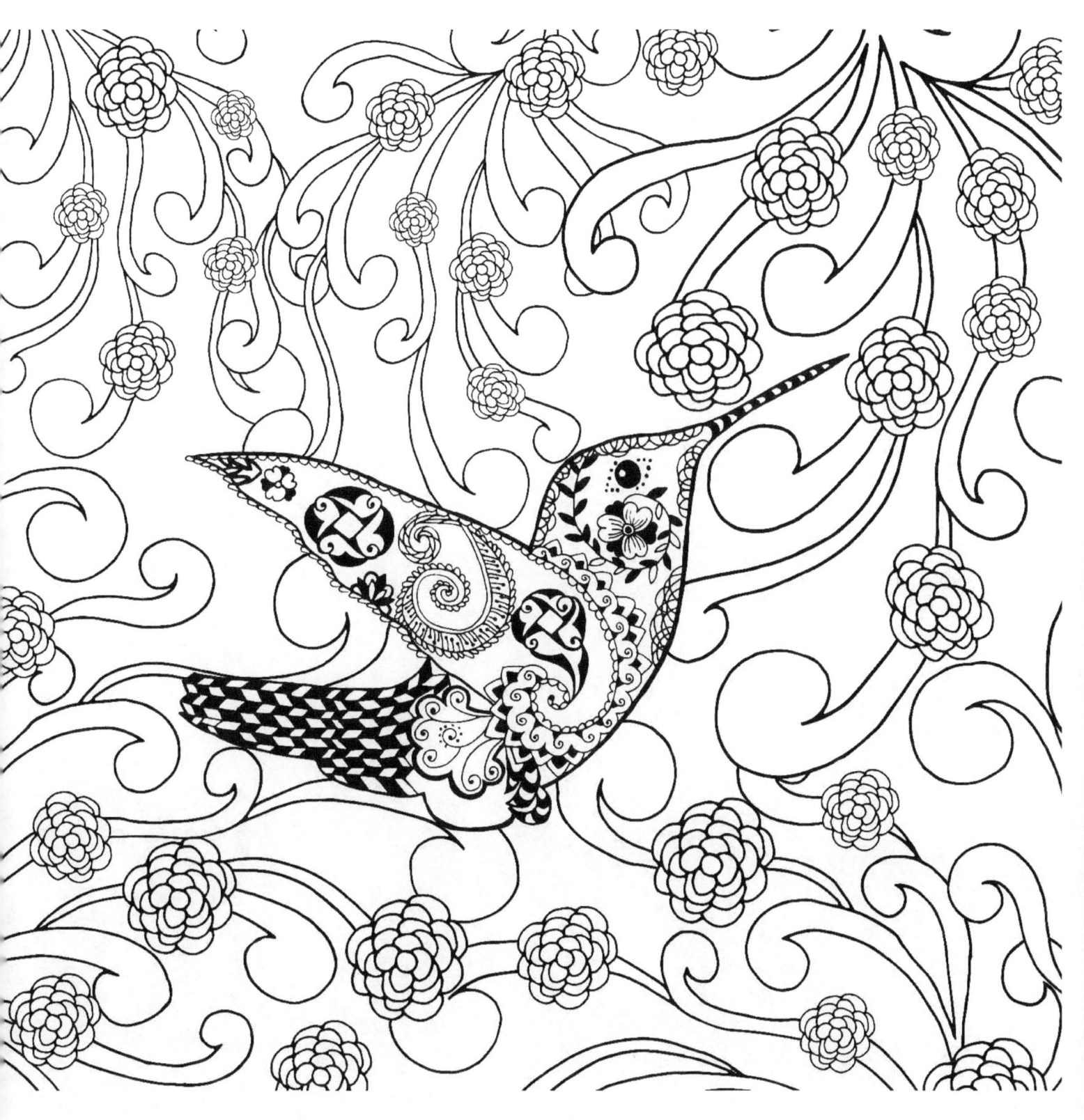

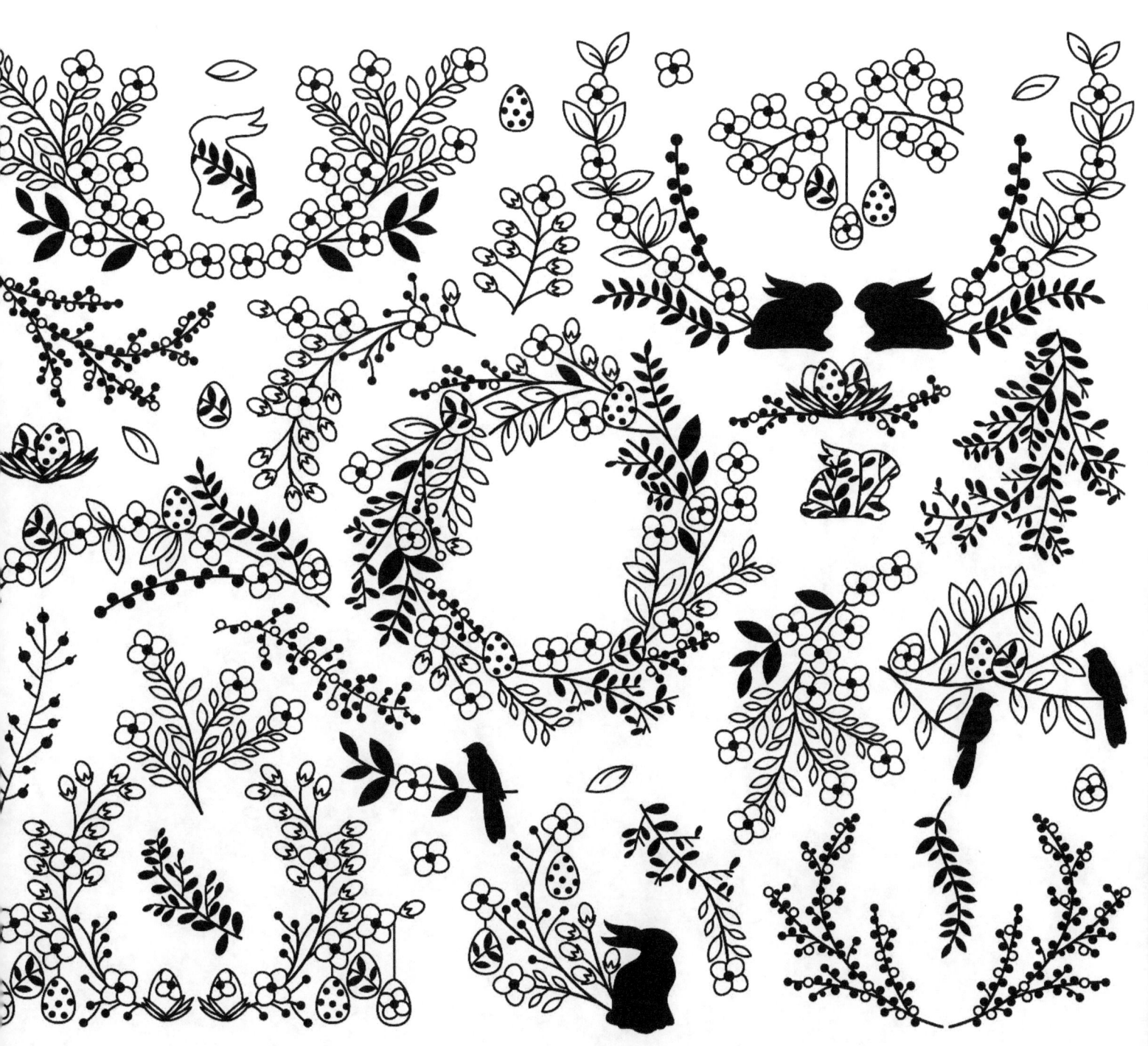

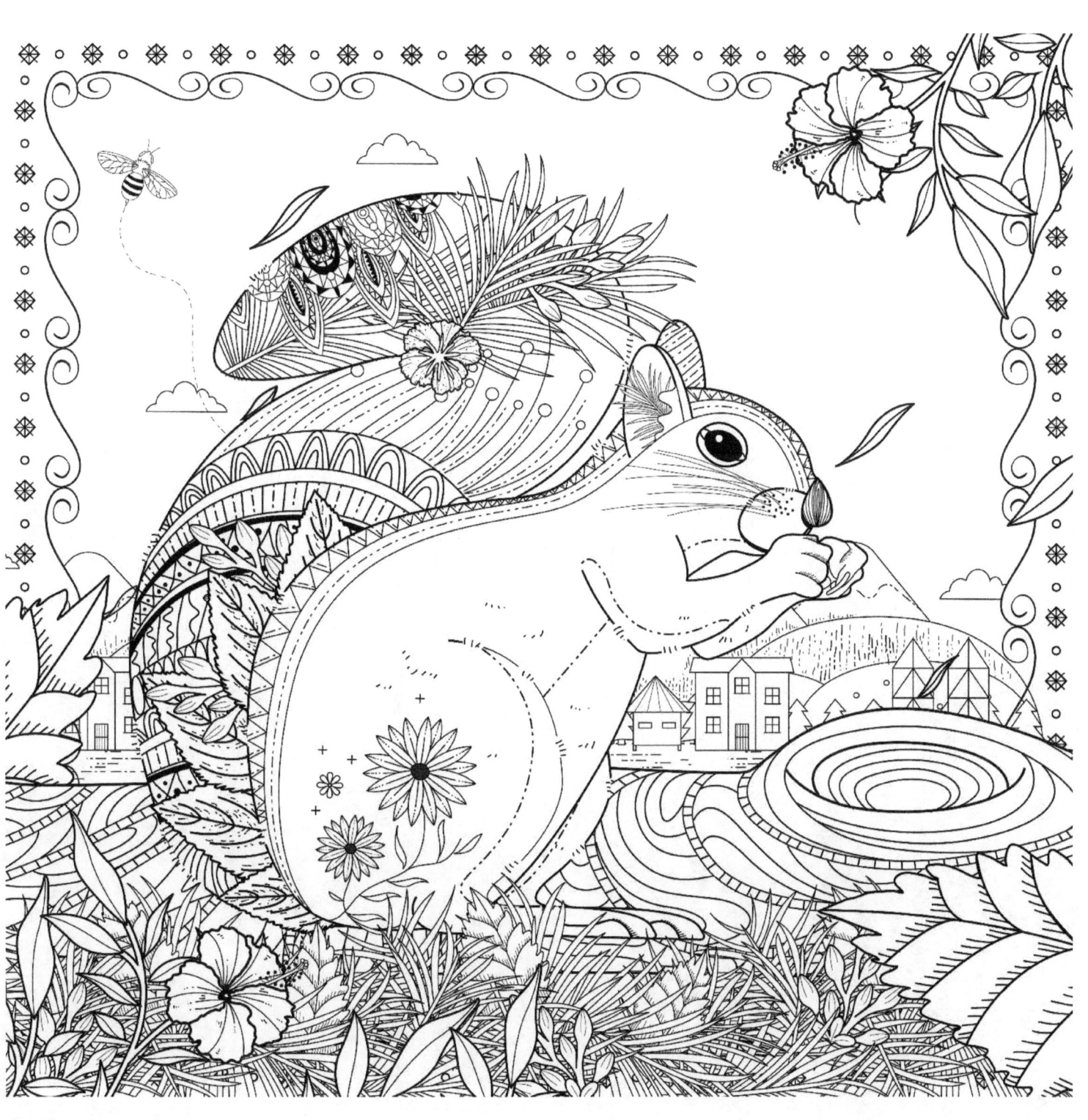

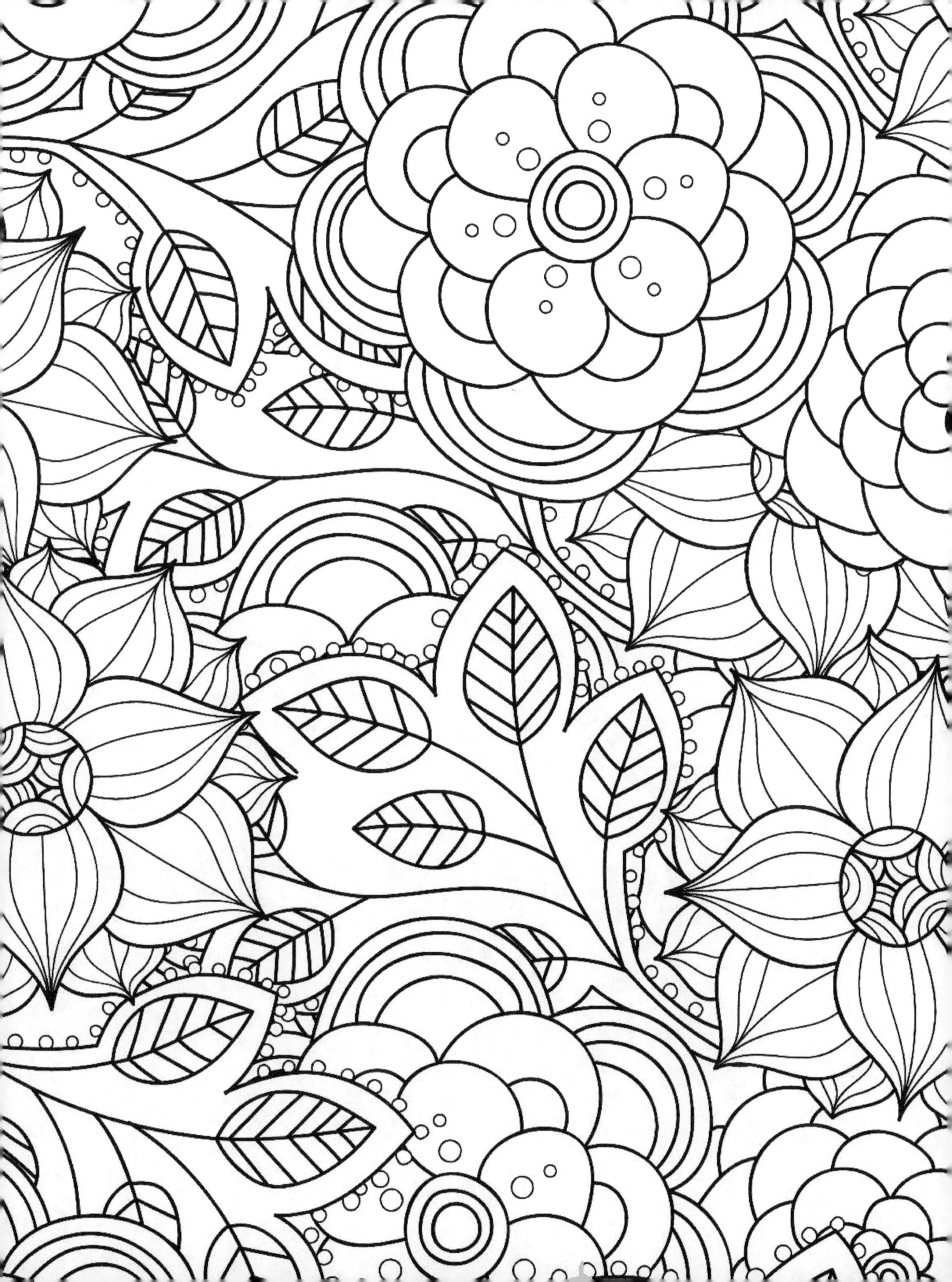

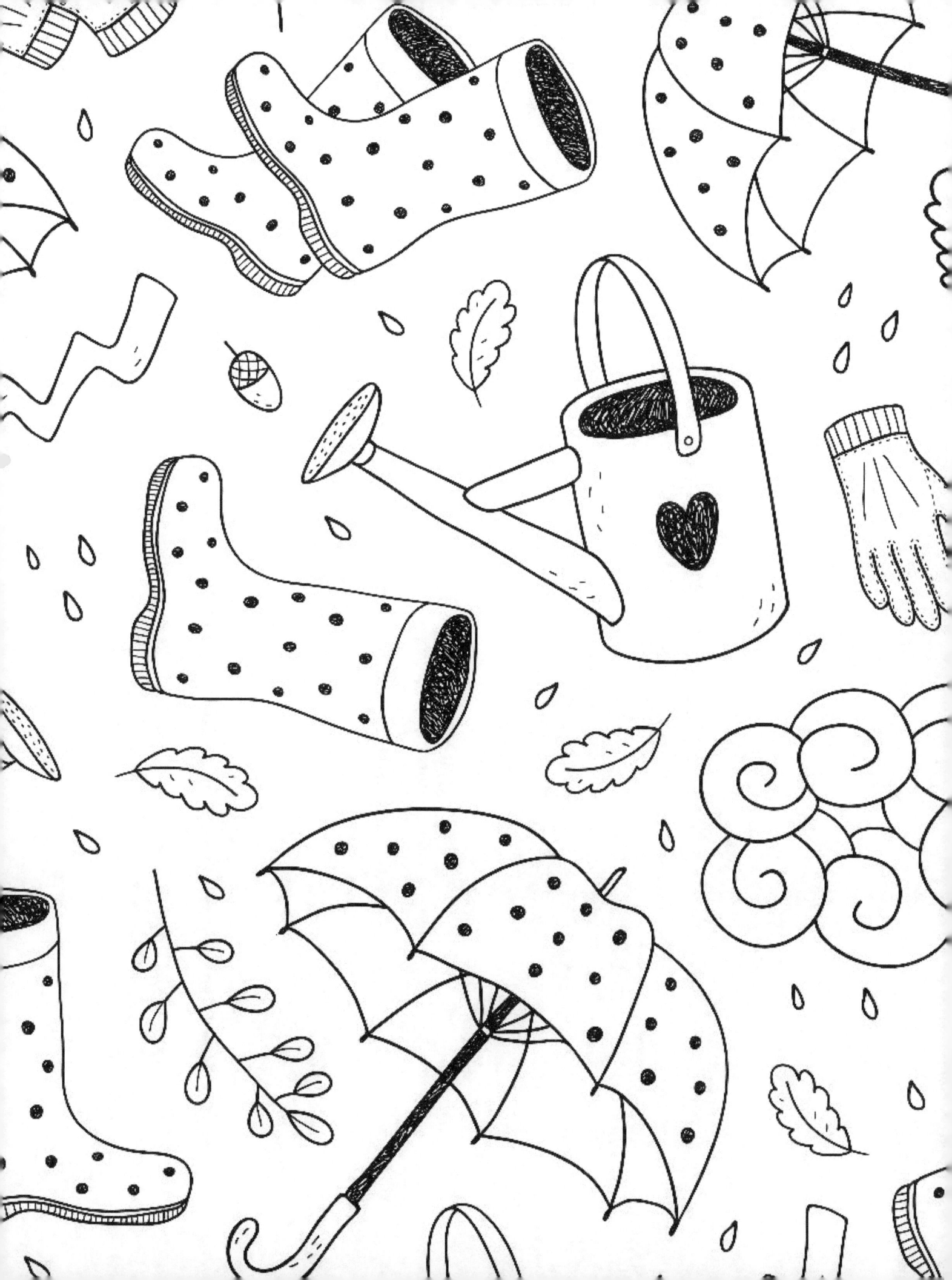

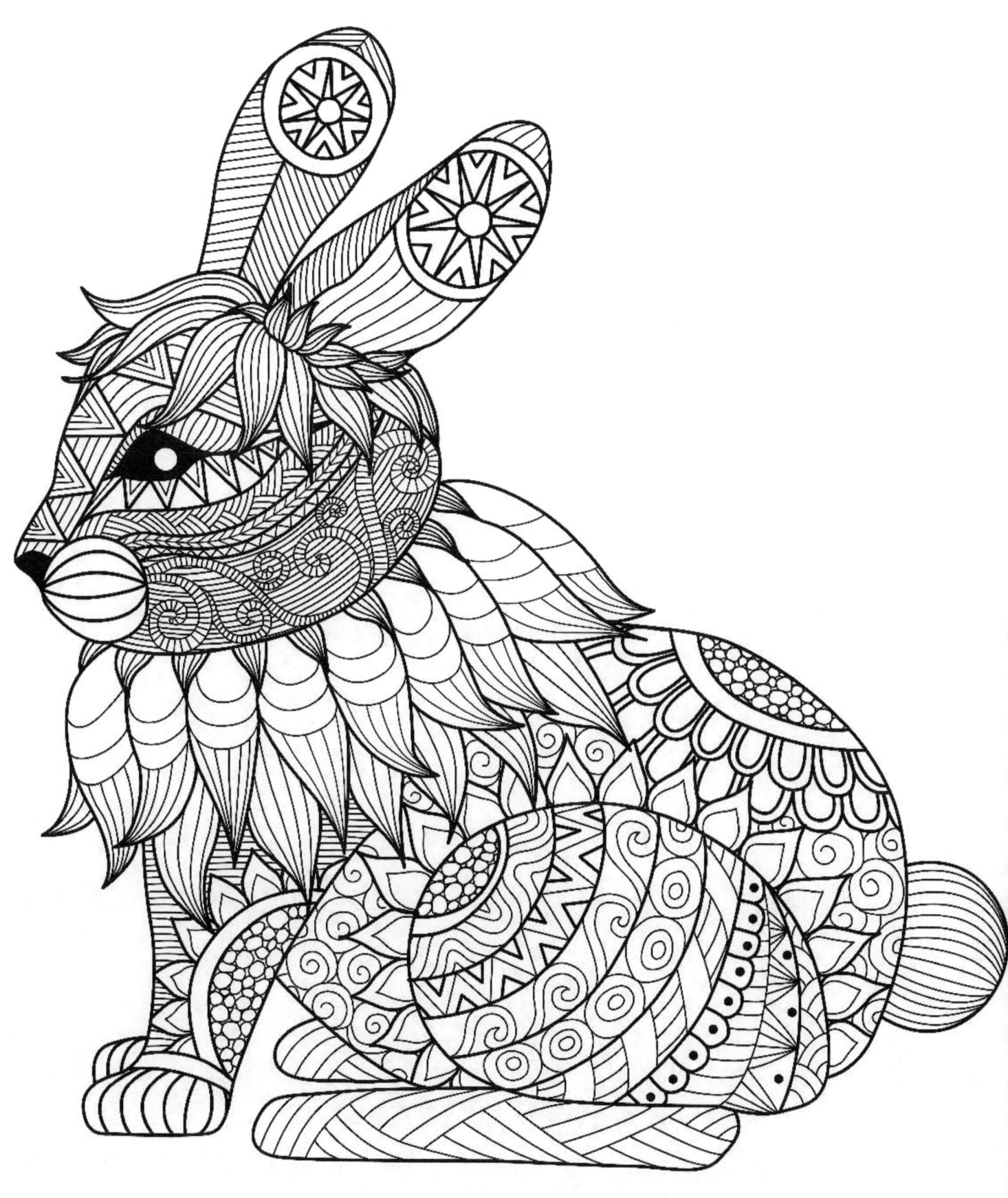

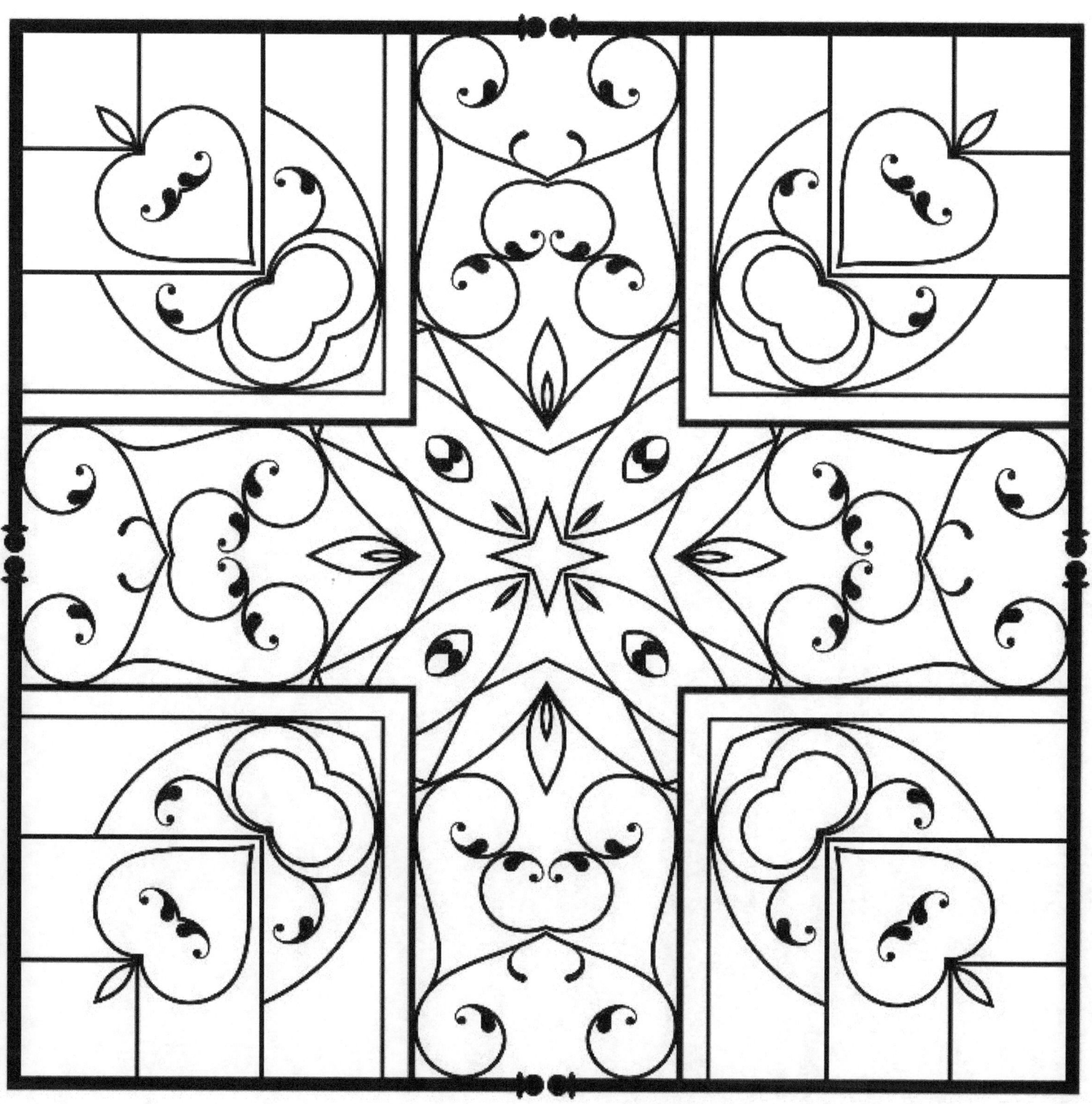

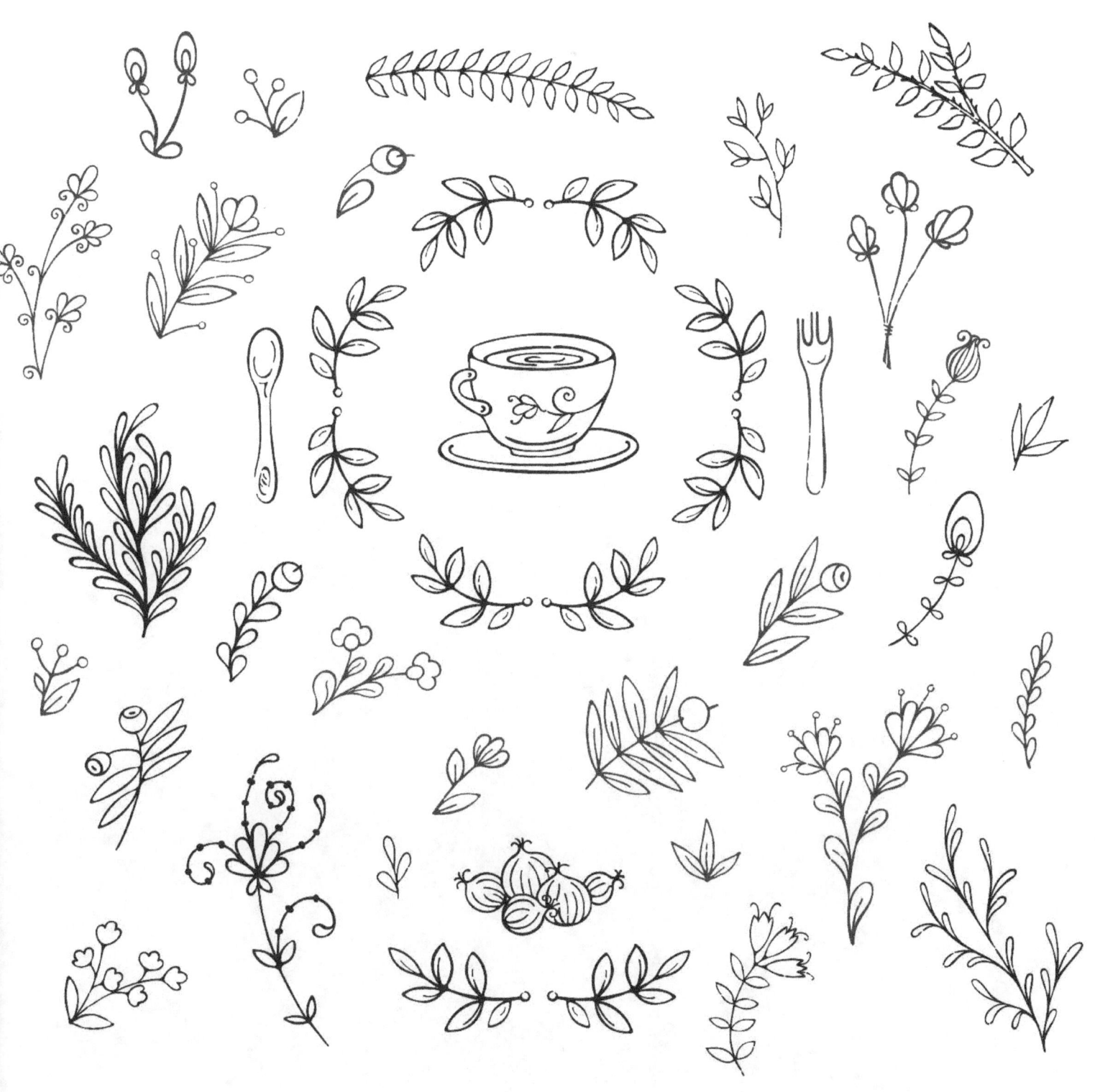

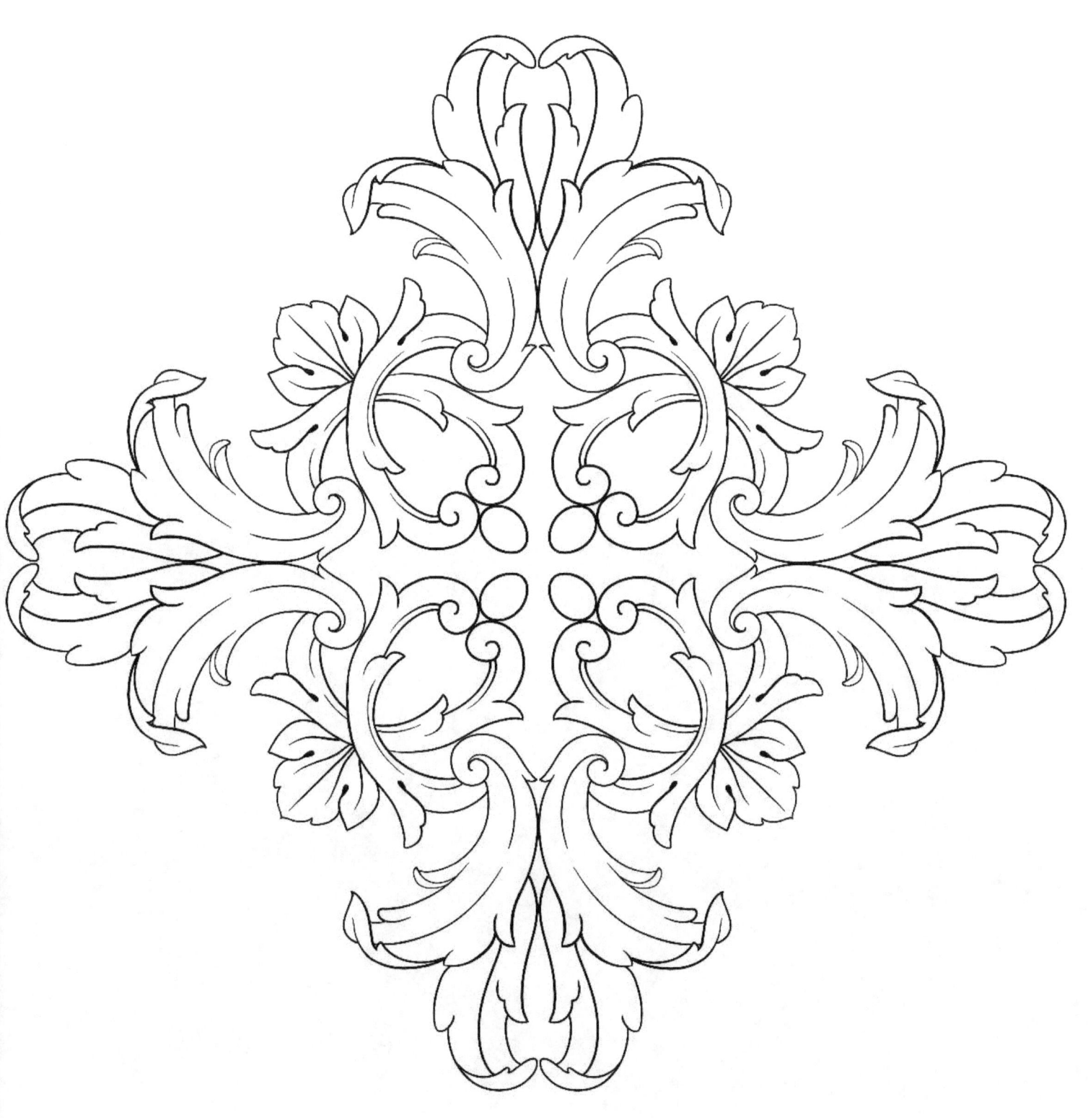

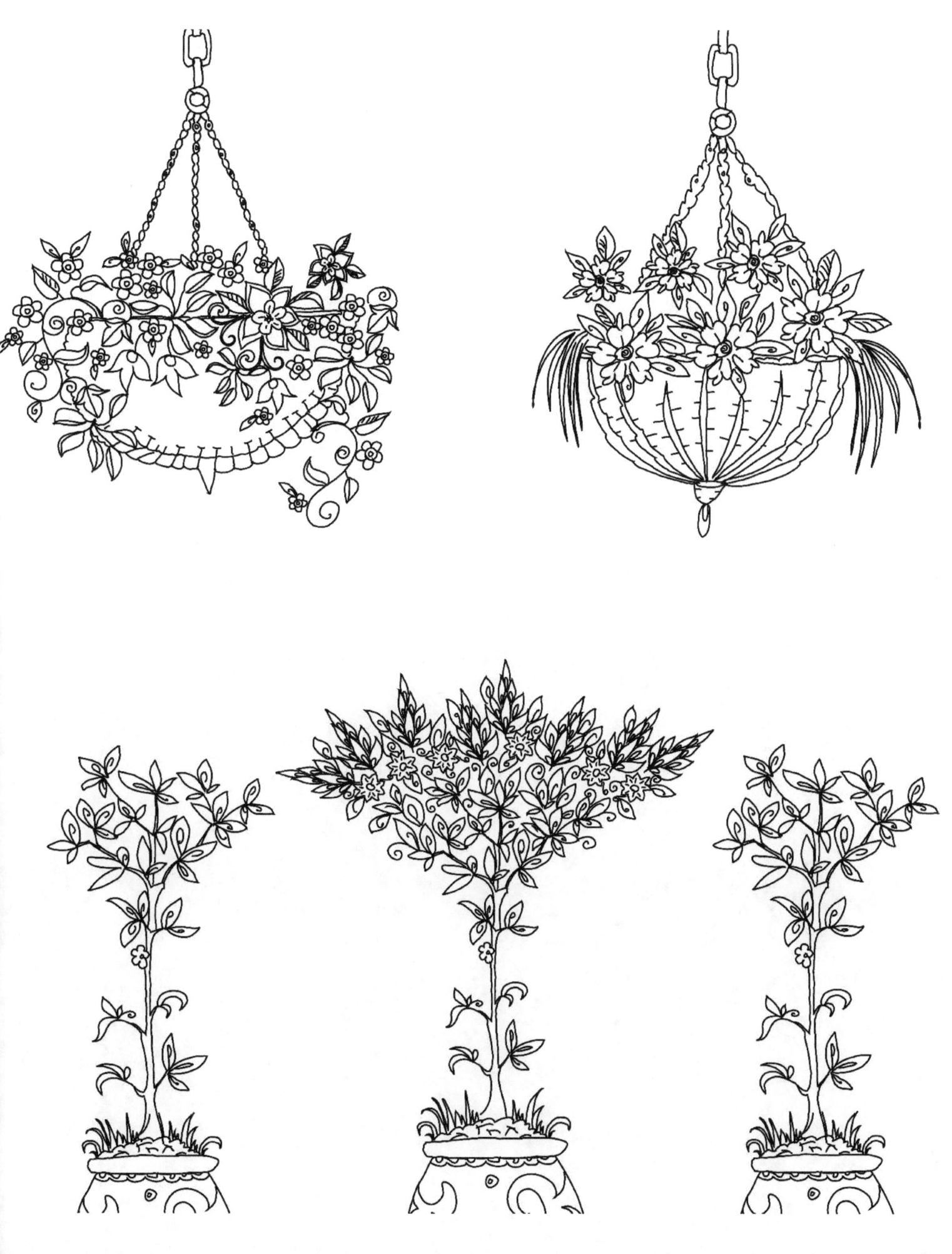

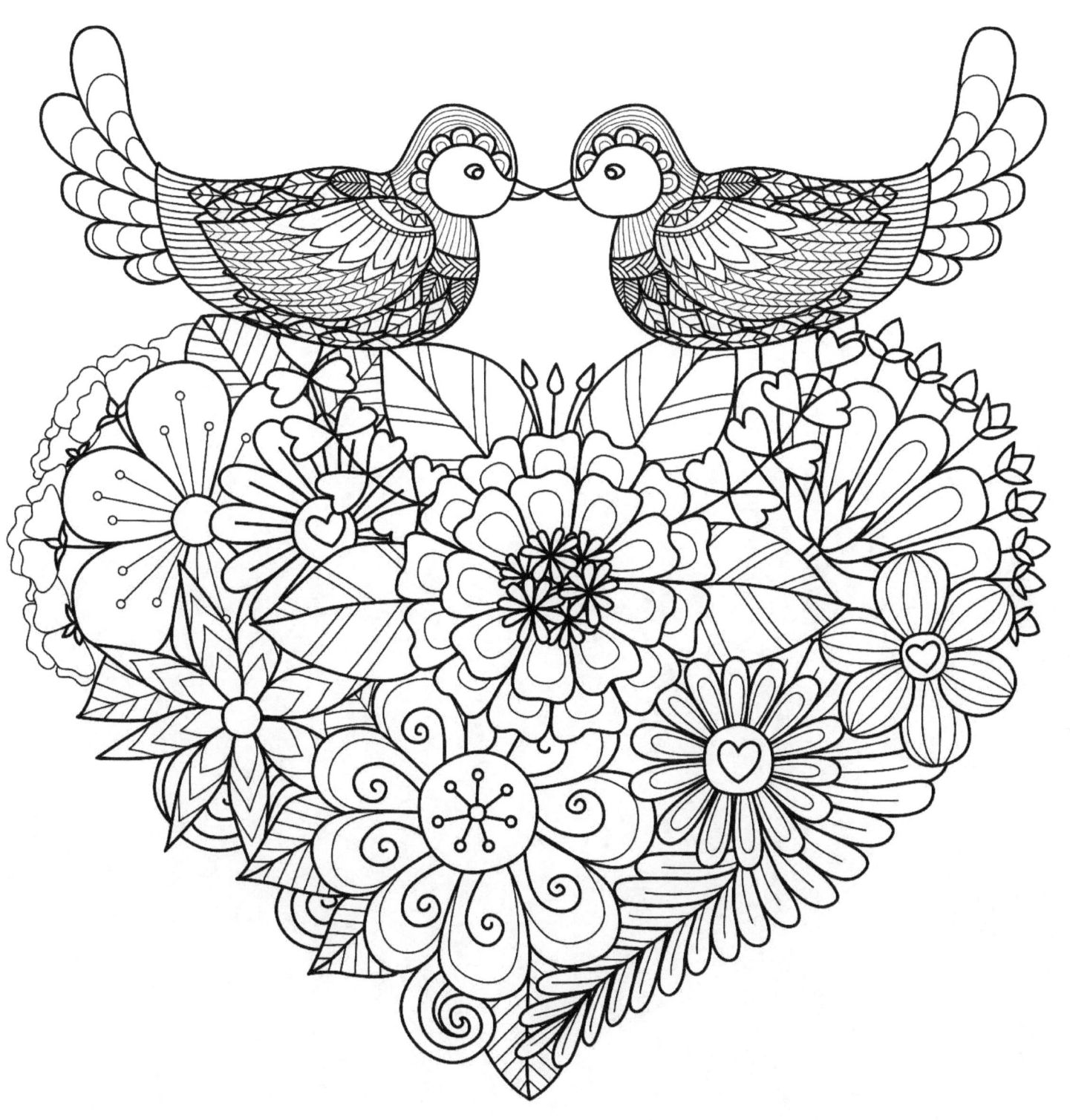

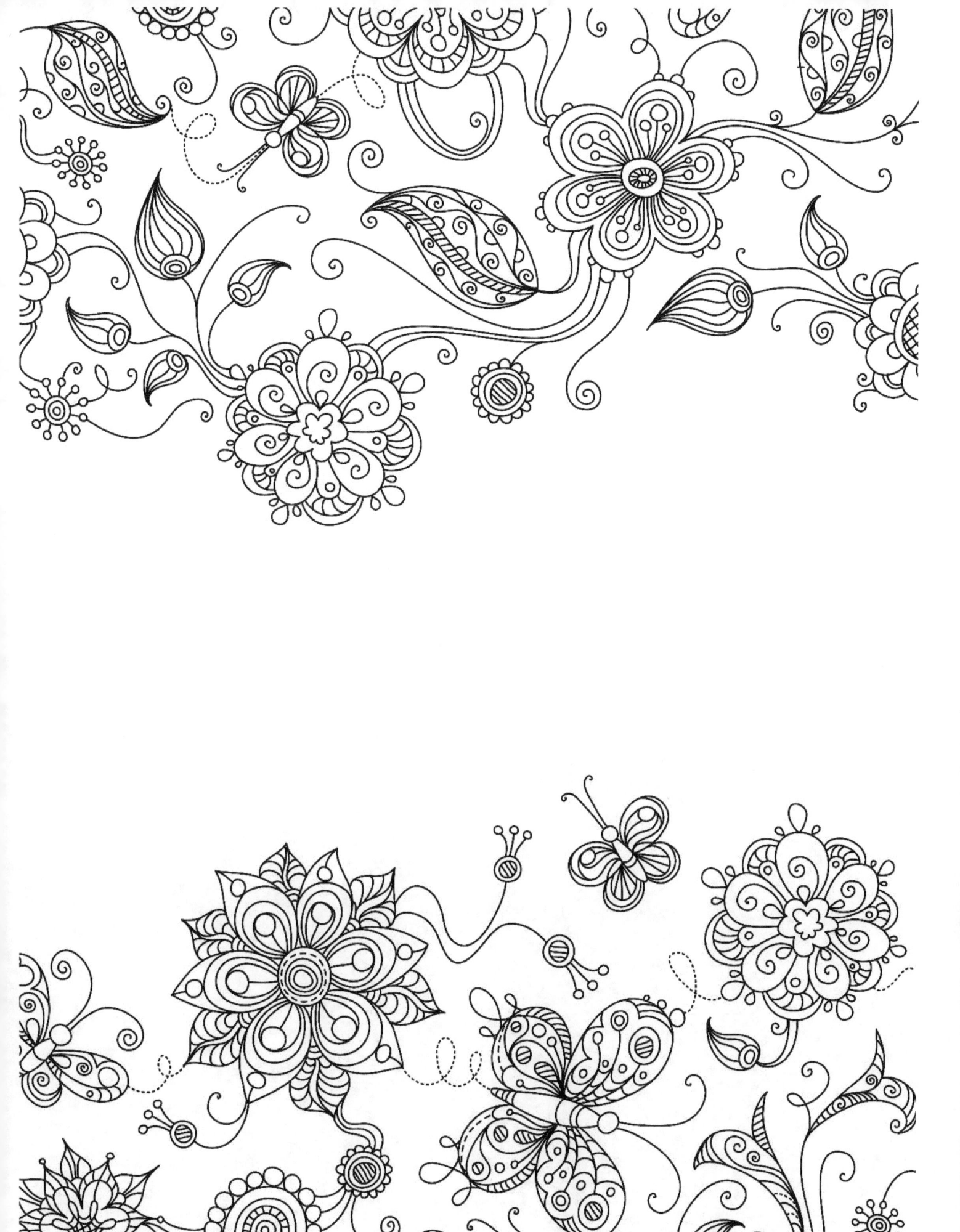

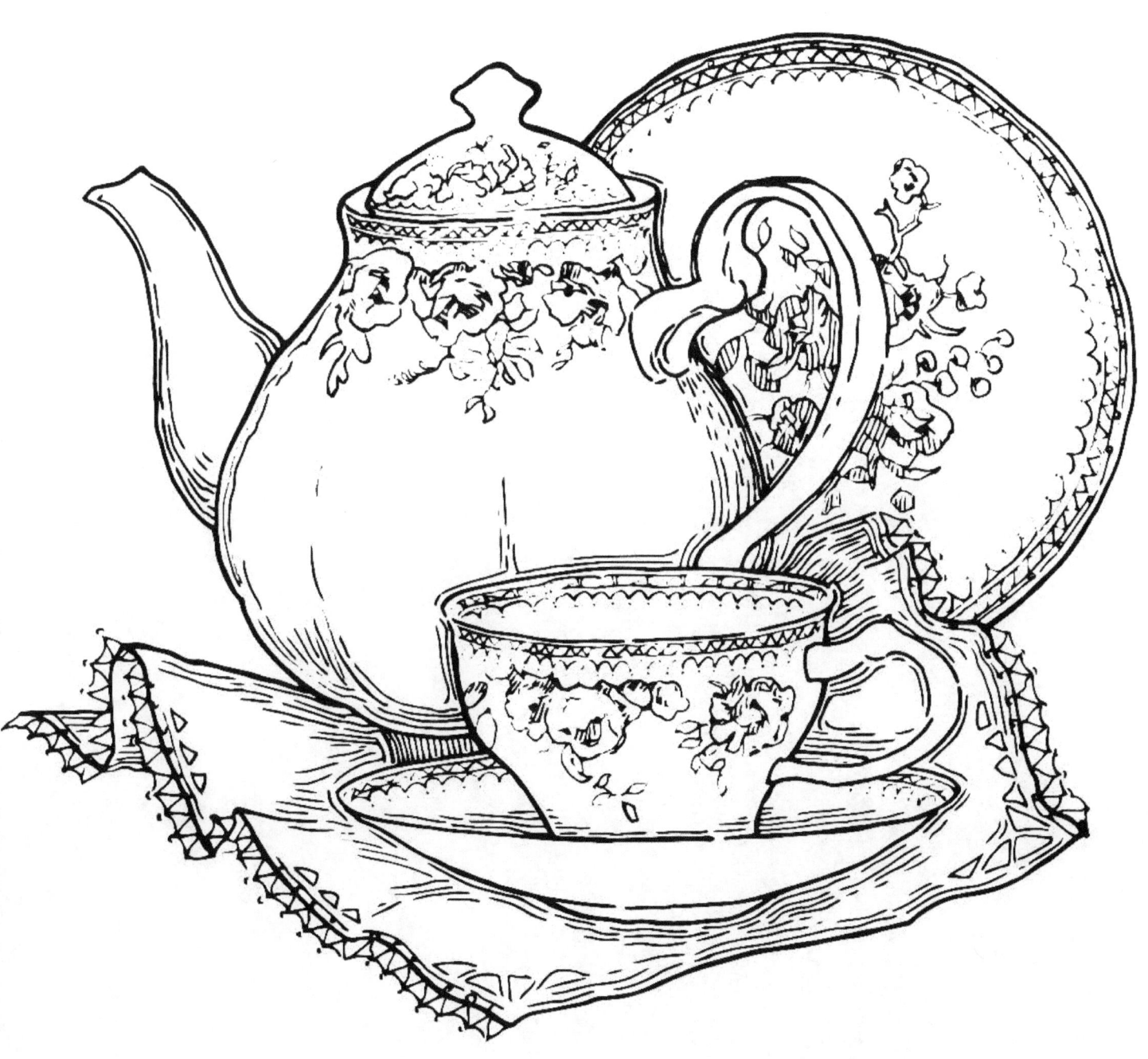

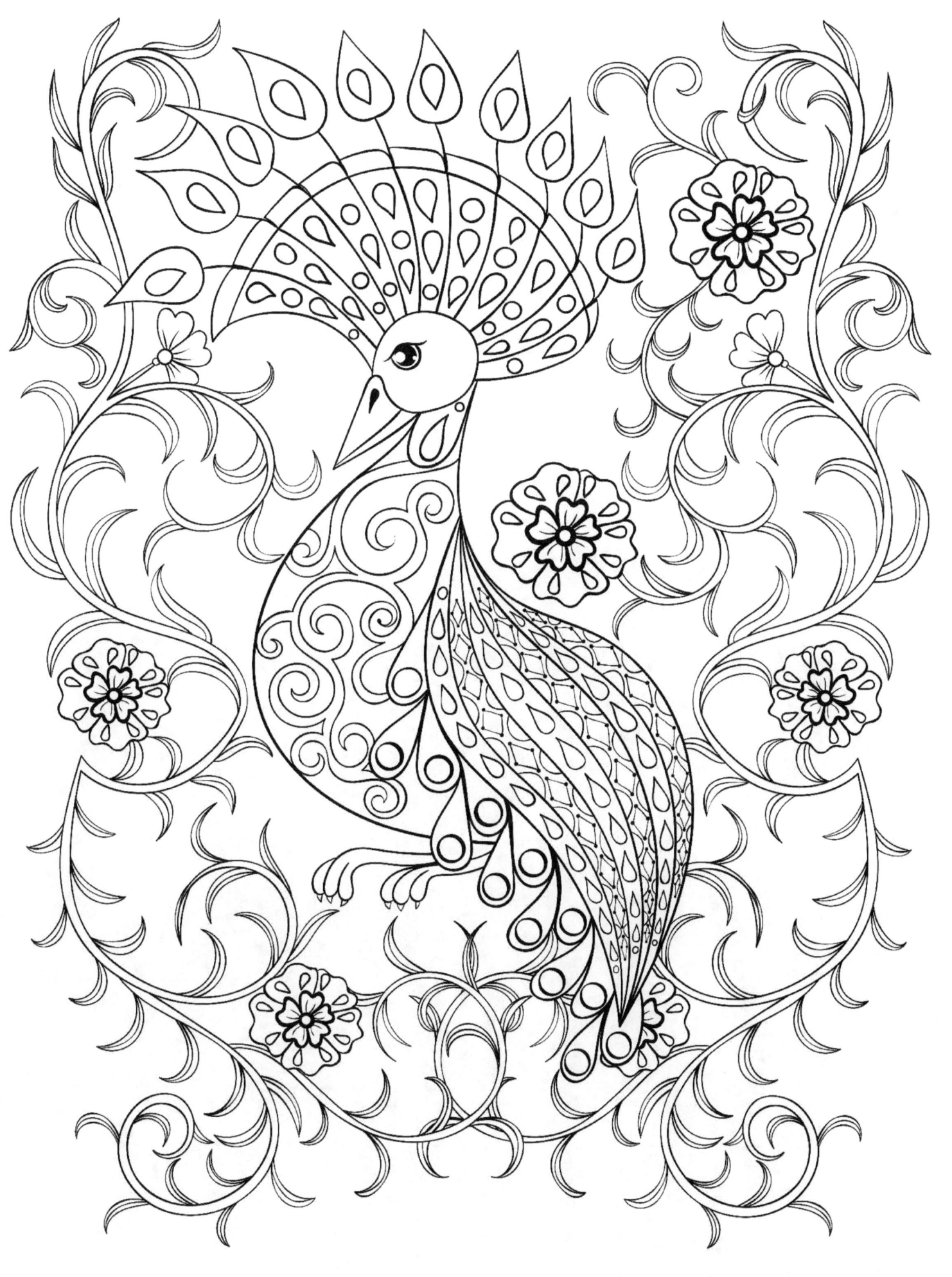

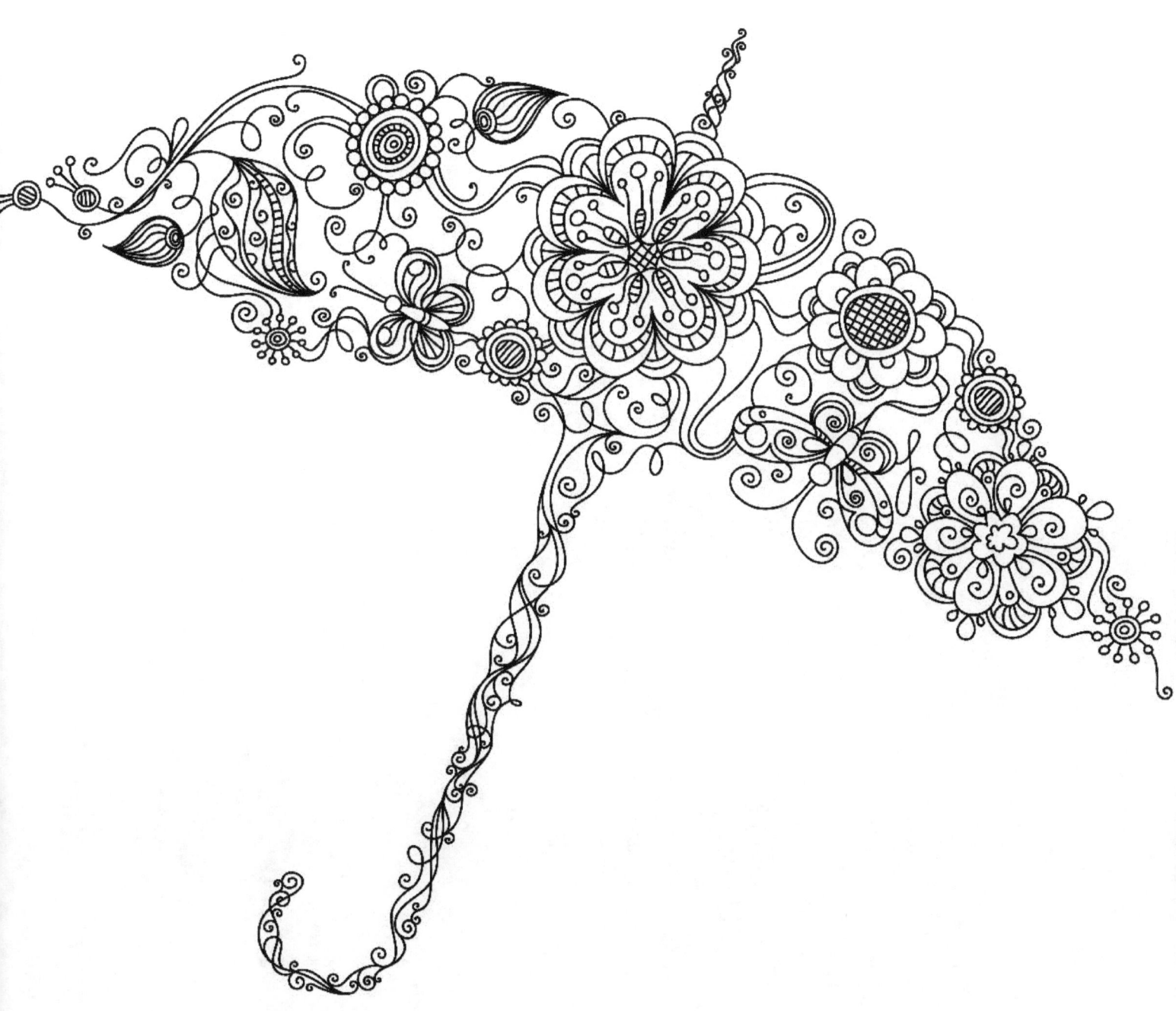

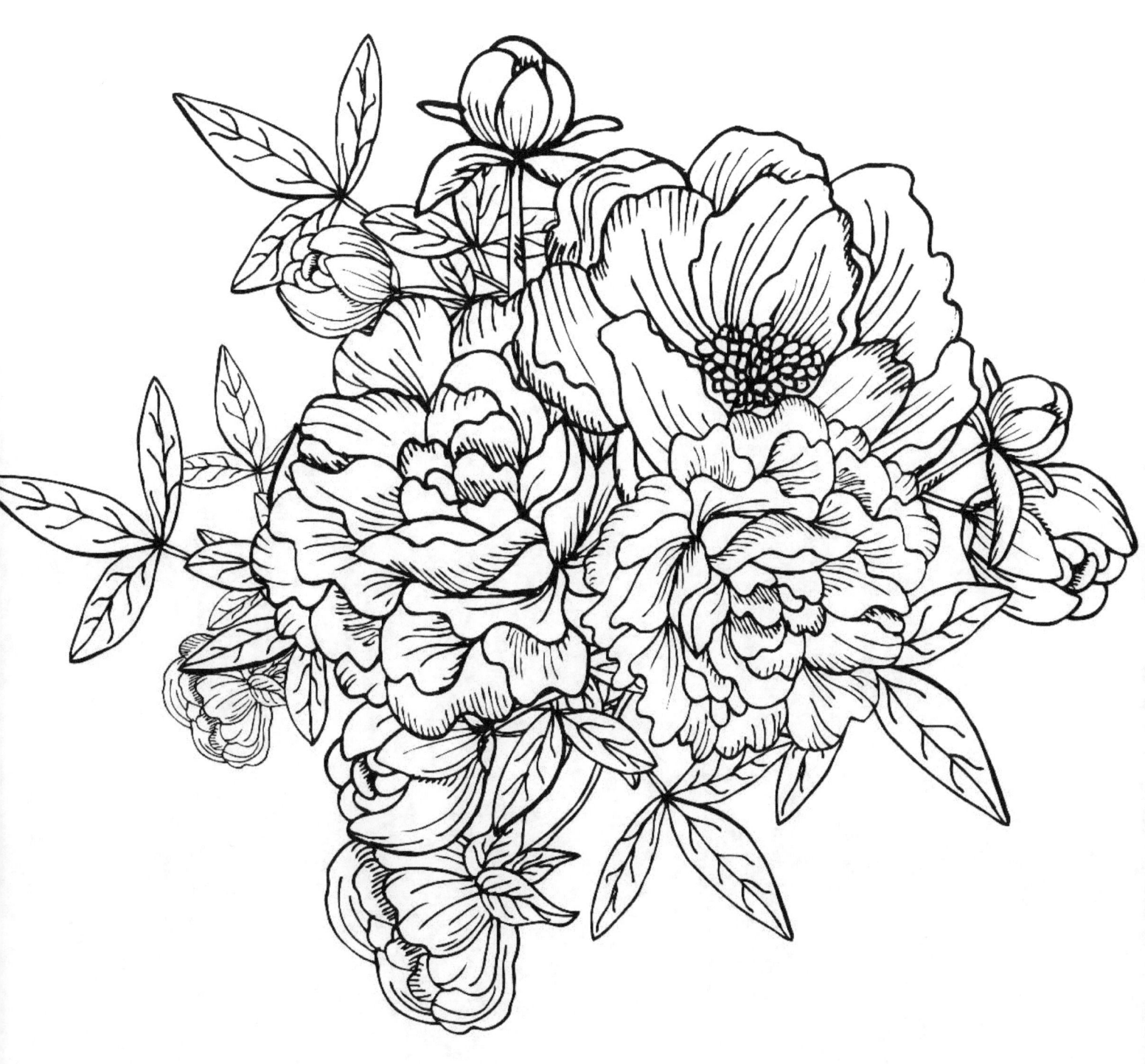

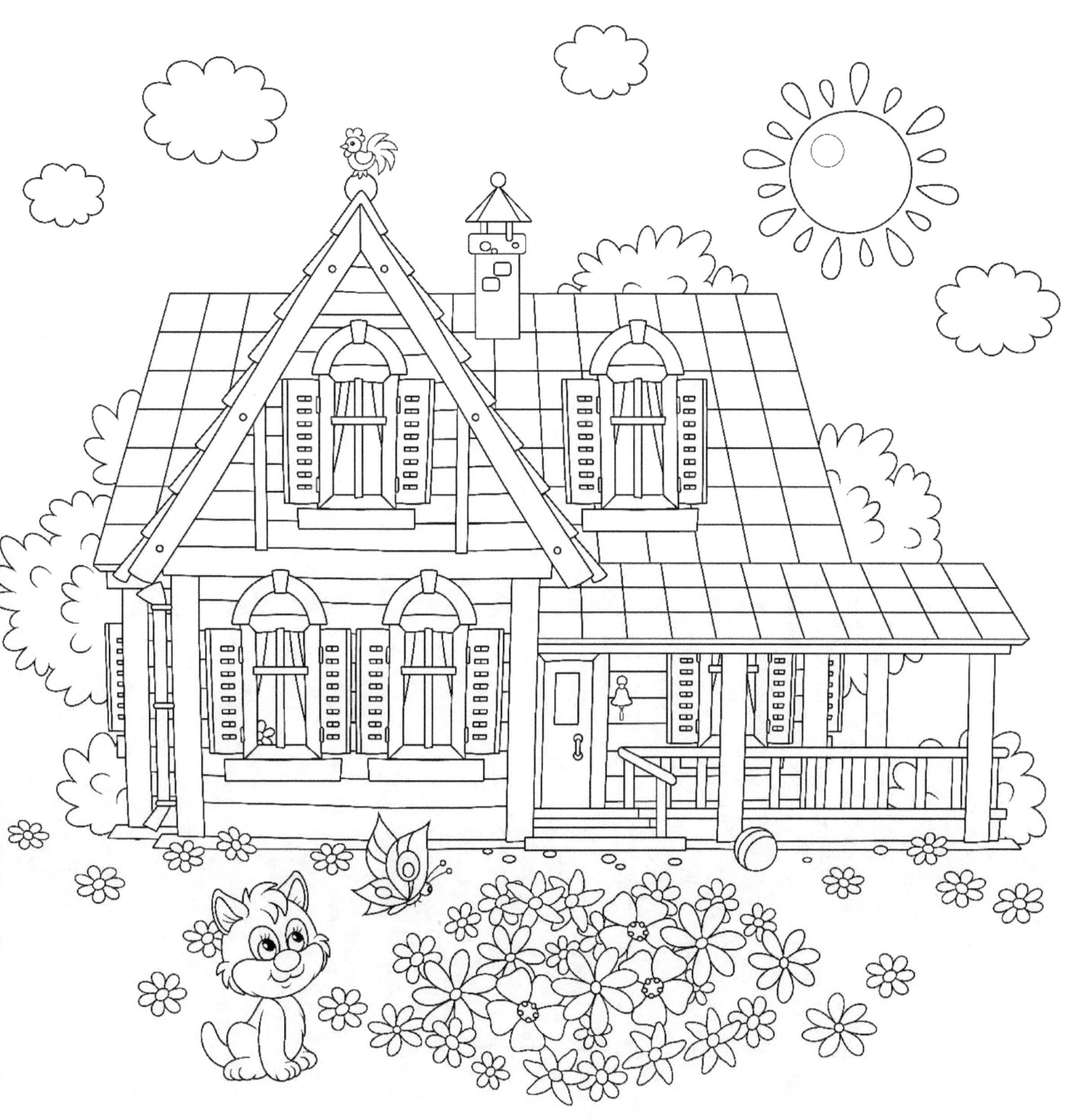

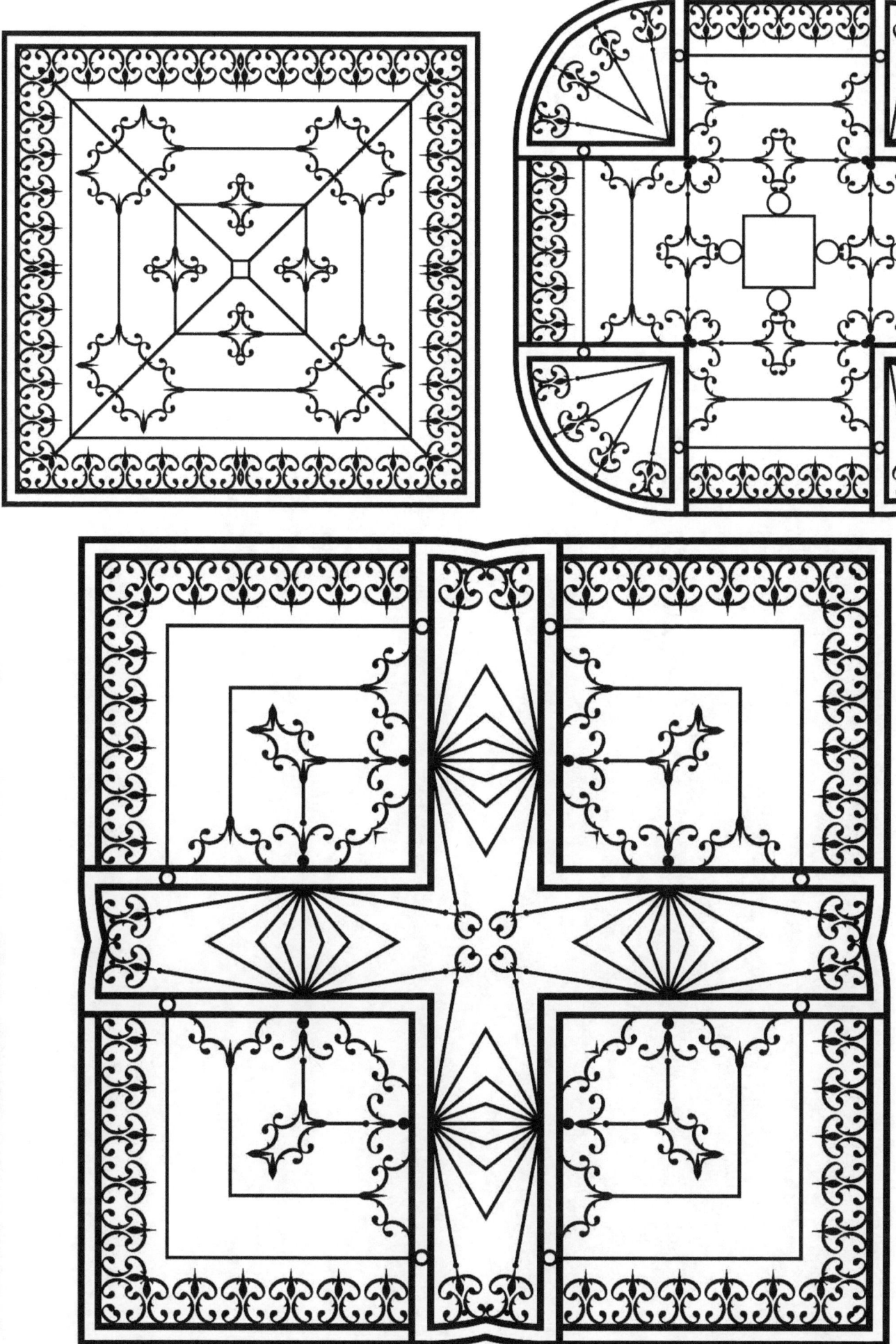

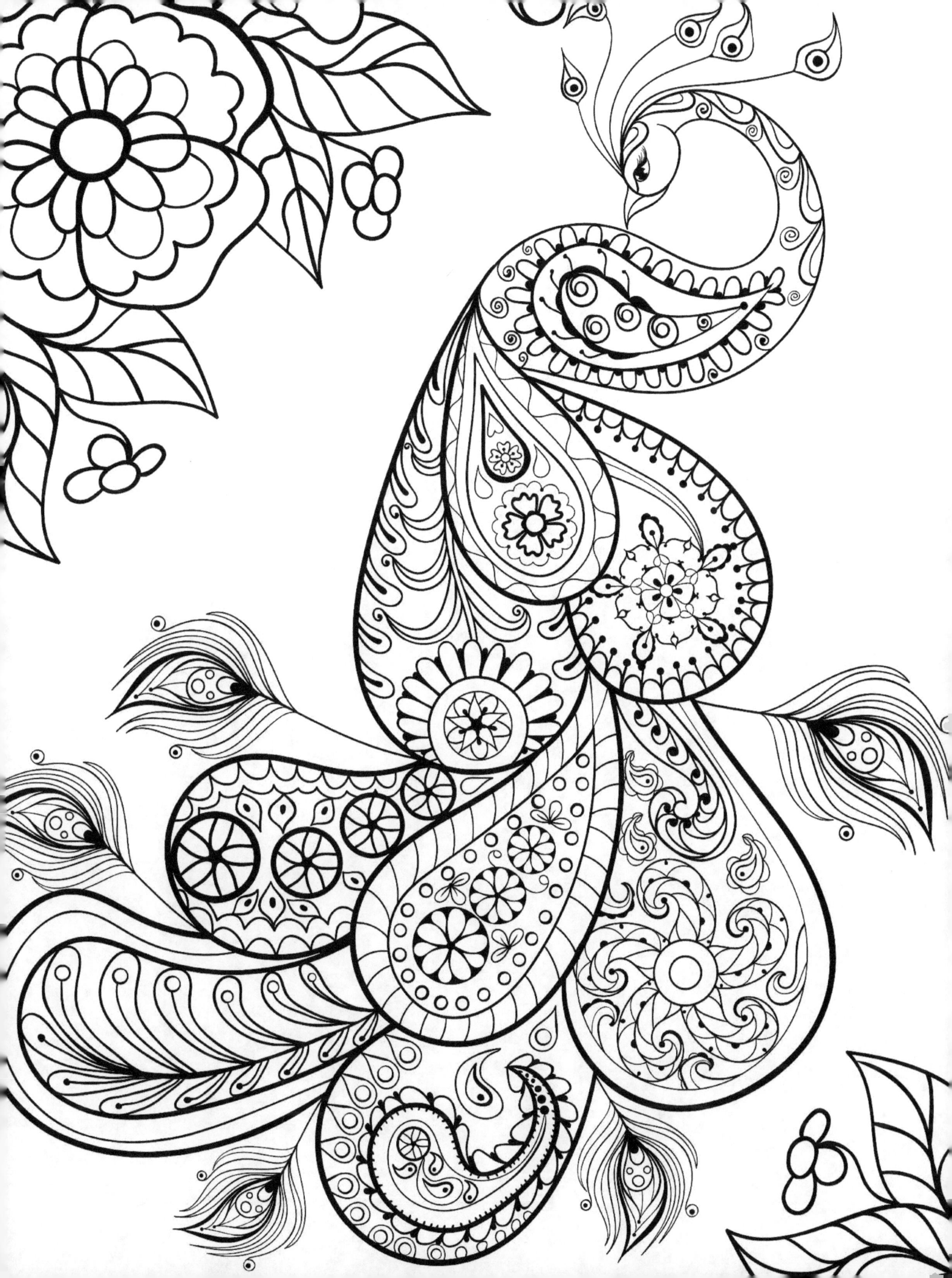

Doodle

Sketch

Doodle

Sketch

Doodle

Sketch

Doodle

Sketch

Doodle

Sketch

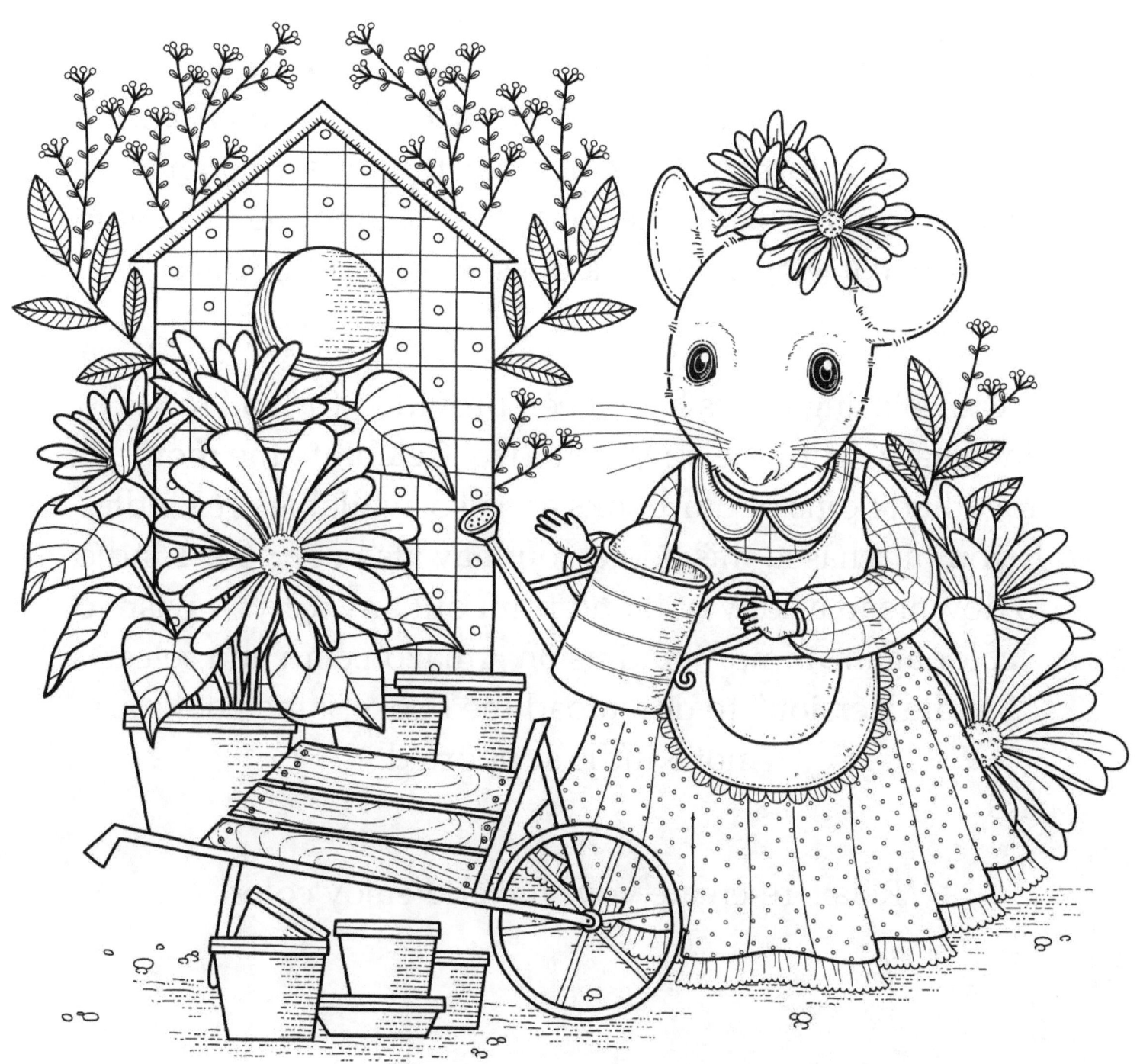

Thank you for purchasing a Creative Engagements Coloring Book. For wonderful results, clear a special place to color and place all your colored pencils, markers and fine tipped markers nearby. Relax and let your mind create as you let the stress of the day float away. Use different media as a way to "think outside the box" and to discover colorful art like never before. Also, you may want to place a blank sheet of paper behind the page you are coloring so the ink does not bleed through.

Extra coloring pages have been provided for you to "tear and share" with the ones you love! Celebrate the moment together! Some of our books are also available on Kindle. If you purchased this book, you may also use your Kindle to download a copy of it and print out any art you wish to color again. Simply find us on Amazon.com and select "Kindle Version" to download the book. Some books are not Kindle supported.

Relax, re-create your life and enjoy color!

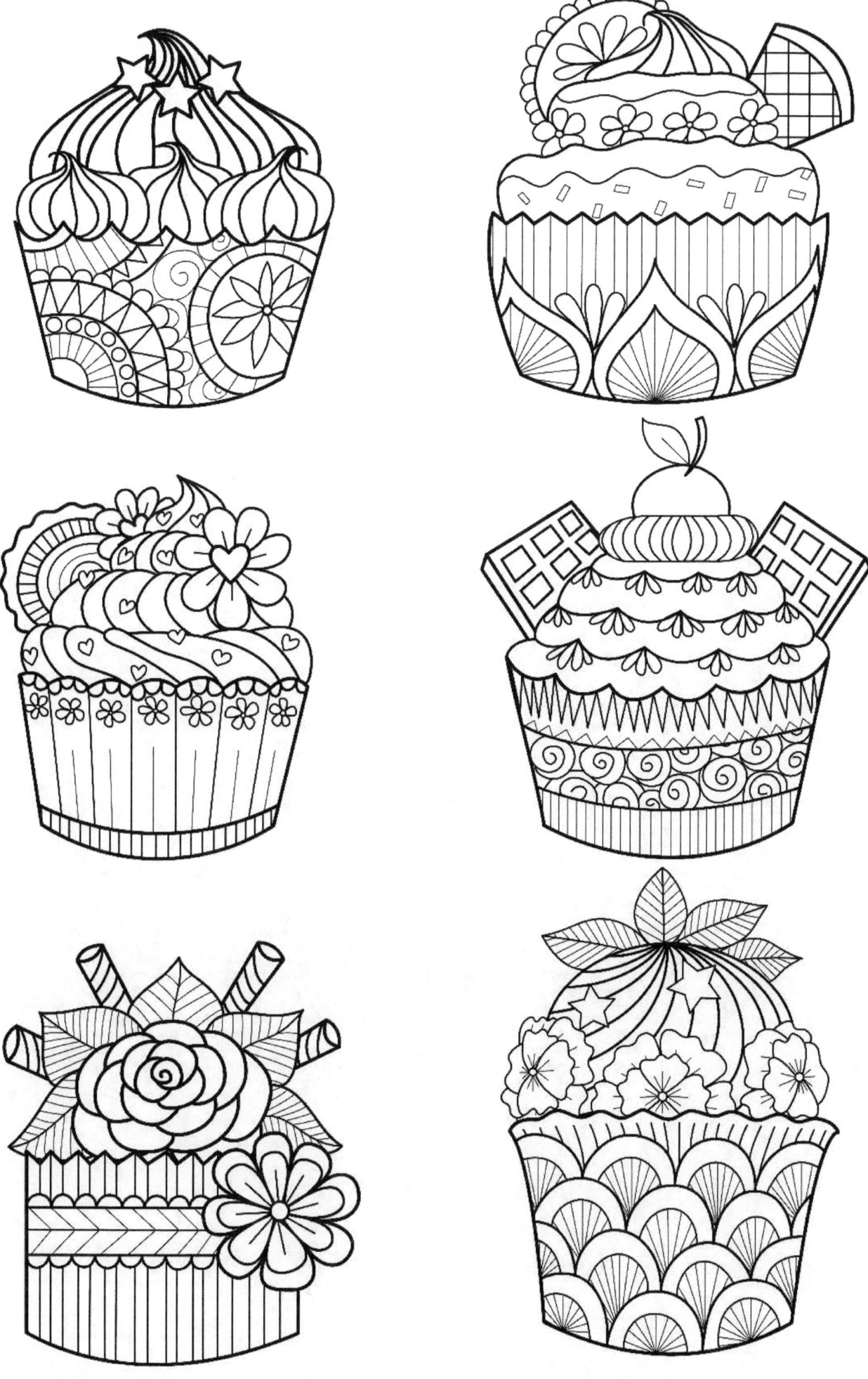

Copyright © 2015 The Quilted Garden   Visit us on Amazon.com – simply search "The Quilted Garden Shoppe"

Designed by The Gallery Press Boston Design and Publishing House, USA   No part of this publication can be reproduced without permission. No part may be copied, photocopied or reproduced without prior permission from the publisher. All Design, Artwork and materials are copyrighted and may not be duplicated.

Artwork Copyright © virinaflora-Fotolia, © nina-rubanyuk-Fotolia, © Brian Jackson-Fotolia, © Ksysha-Fotolia, © Web Buttons Inc-Fotolia, © Igor Zakowski-Fotolia, © graletta-Fotolia, © aliasching-Fotolia, © lifeofriley-Fotolia, © fotokik-Fotolia, © mariolina-Fotolia. ©NH7-Fotolia, © berya113-Fotolia, © Kozyrina-Fotolia, © vilisov-Fotolia, © slanapotam-Fotolia, © inma ff-Fotolia, © Aloksa-Fotolia, © Igor Zakowski-Fotolia, © graletta-Fotolia, © aliasching-Fotolia, © mariolina-Fotolia, © Africa Studio-Fotolila, © Balint Radu-Fotolia, ©Mapi-Fotolia, © SCA-Graphics-Fotolia,, © Brad Pict-Fotolia, © Fulvio Bruno-Fotolia, © Gulsen Gunel-Fotolia, © VRD-Fotolia, © Avanne Troar-Fotolia, ©wetnose1-Fotolia.

Copyright © pixelrobot-Fotolia, 14ktgold-Fotolia, rewpixel-Fotolia, Peterfactors-Fotolia, md3d-Fotolia, radenmas-Fotolia, Carolyn Franks-Fotolia, Springfield Gallery-Fotolia, Brian Jackson-Fotolia, Peterzsuzsa-Fotolia, totallyout-Fotolia, Juri Samsonov-Fotolia Adult Coloring Pages Copyright © 2016 © Desertsands-Fotolia, © Photo-nuke-Fotolia, Copyright © ©br_Mary-Fotolia, © elinacious-Fotolia, © Darina13-Fotolia, © bimbim-Fotolia, © happyjack29-Fotolia, ©yadviga-Fotolia, ©Natikka-Fotolia, © Maljuk-Fotolia.

Copyright 2015 © Guest Book Guest Book, Artwork © Petr Babkin-Fotolia; Aloksa-Fotolia, tigatelu-Fotolia, Aliasching-Fotolia, Claudia Balasoiu-Fotolia, Yonel-Fotolia. Virinaflora-Fotolia, Ciumac-Fotolia, Cranach-Fotolia, Rada Covalenco-Fotolia, Anton Medinskiy-Fotolia, A-teen-Fotolia, bananafish-Fotolia, viperagp-Fotolia, ssilver-Fotolia, frenta-Fotolia, Web Buttons Inc-Fotolia, AnikaKodydkova-Fotolia, murika-Fotolia, mtzsv-Fotolia, Ksysha-Fotolia, Concept, Design Copyright © 2015 Nancy Fister

Copyright © 2015 Claudia Balasoiu-Fotolia, Marchibas-Fotolia, JenkoAtaman-Fotolia, Elitravo-Fotolia, len44ik-Fotolia, Pilipa-Fotolia, Marta17-Fotolia, Dip-Fotolia, RosanaP-Fotolia pim-Fotolia, Dip-Fotolia, Francesca Murvulli-Fotolia, Danys83-Fotolia, elitravo-Fotolia, determined-Fotolia, love-is-love-Fotolia, popocorn8-Fotolia,, famveldman-Fotolia, PPBR-Fotolia, fanny76-Fotolia, Sandra Cunningham-Fotolia, Nadiia Starovoitova-Fotolia, kuleczka-Fotolia, Kudryashka-Fotolia, sergey Emelyanov-Fotolia, Olgalebedeva-Fotolia, Hkohkoa-Fotolia, sidekiks-Fotolia, Pietto-Fotolia, Marco Tiberio-Fotolia, Alex Tihonov-Fotolia, Anna-Mari West-Fotolia, Gordana Sermek-Fotolia, Memoru-Fotolia, oxilixo-Fotolia, Bip-Fotolia, Sonyara-Fotolia, spline-x-Fotolia, ksysha-Fotoli, arinahabich-Fotolia, azazello-Fotolia, Antan Zabielski-Fotolia, Manifeesto-Fotolia, Armina-Fotolia, Paultarasenko-Fotolia. Armina-Fotolia, Paultarasenko-Fotolia, Dusk-Fotolia, asaco-Fotolia, Costin79-Fotolia, Glaz2-Fotolia. Copyright © Flavijus Piliponis-Fotolia, © Terrianna-Fotolia, © Mari79-Fotolia, © Nairina-Fotolia, © Carla Castagno-Fotolia, © totallypic-Fotolia, © mingkit-Fotolia, © yazzik-Fotolia, © Fine Art Sudio-Fotolia, © olich15-Fotolia, © Jane-Lane-Fotolia, © IRStone-Fotolia, © natality-Fotolia, © samiramay-Fotolia, © belkaelf25-Fotolia, © br_mary-Fotolia, © Alexey Bannykh-Fotolia, © Timboosch-Fotolia, © nonikastar-Fotolia, © 21021021-Fotolia, © nearbirds-Fotolia, © shooarts-Fotolia, © shastakava-Fotolia, © ritenmorgen-Fotolia, © natali_ky-Fotolia, © darina13-Fotolia, © lezhepyoka-Fotolia, © bimbim-Fotolia, © Alexey Buravtsoff Adult Coloring Pages Copyright © 2016 © Desertsands-Fotolia, © Photo-nuke-Fotolia, Copyright © ©br_Mary-Fotolia, © elinacious-Fotolia, © Darina13-Fotolia, © bimbim-Fotolia, © happyjack29-Fotolia, ©yadviga-Fotolia, ©Natikka-Fotolia, © Maljuk-Fotolia, © Lilu-art-Fotolia, © tets-Fotolia, © Olich15-Fotolia, © ipanki-Fotolia, © Svetlana Ivanova-Fotolia, © Juliasnegi-Fotolia, © Weihnachtsmarnkopf-Fotolia, © Actomic-Fotolia, © Hans-Jurgan Krahl-Fotolia, © Palomito222-Fotolia, © alias-Fotolia, © irinakrivoruehko-Fotolia, © Kronalux-Fotolia, © Shestakova-Fotolia, © Macrovector-Fotolia, © nenikime-Fotolia, © Kamenuka-Fotolia, © Flaya-Fotolia, © Anna Rassadnikova-Fotolia, © Kara Kotsya-Fotolia, © Olga Bazanova-Fotolia. © pinkpueblo-Fotolia, ©ssstocker-Fotolia, © Mila Pet Kola-Fotolia, © Foto Flare-Fotolia, © osipov-d-Fotolia, © samiradragonfly-Fotolia, © zozulinski-Fotolia, © Drekhann-Fotolia, © Komissaroo7-Fotolia, © raven-Fotolia, © incomible-Fotolia, © Anton Shpak-Fotolia, © tomkdesign-Fotolia, © fjayshrivastava-Fotolia, © Lexvar-Fotolia.

www.ingramcontent.com/pod-product-compliance
Lightning Source LLC
Chambersburg PA
CBHW080720190526

45169CB00006B/2449